英語ヒエラルキー

グローバル人材教育を受けた学生はなぜ不安なのか

佐々木テレサ　福島青史

光文社新書

まえがき

佐々木テレサ

本書で紹介している研究は、私の個人的な経験が問題意識のもととなっている。

個人的な話になるが、私は自分の日本語に自信がない。自分が話すときの日本語、書くときの日本語は、もしかして変なのではないかという不安が常にある。

幼い頃からことばに不安があったというわけではなく、小学校・中学校では作文で賞をもらったこともあるし、国語の成績は非常に良かった。

ことばへの不安が現れたのは、大学でＥＭＩ実施学部に入学して、その後卒業して大学院に進学してからである。ＥＭＩとは「English-Medium Instruction」の略で、人口の大多数の母語が英語ではない国や地域で、英語を使って教科を教えることである。

私が卒業したＥＭＩ実施学部も、基本的に全ての授業が英語で行なわれ、１年間の留学が卒業条件として必須という、英語と国際化に積極的な学部だった。英語が好き、海外に行きたい、というような学生が集まり、留学生だけではなく、日本人学生の間でも英語が飛び交う環境だった。

日本人学生同士の会話で日常的に表れる現象として「日本語が出てこない」ということがあった。日本語で言うべき単語が英語に置き換わってしまうのである。その学部の学生は皆、日本語と英語が混ざっていたので、在学中は特に気にしていなかったし、むしろ笑い話であった。

しかし、ＥＭＩ実施学部を卒業して、早稲田大学日本語教育研究科に入学し、レポートを書くという段階になってから、初めて気が付いた。「日本語が下手かもしれない」と。日本語での大学以上レベルでの文章の書き方を習っていないという理由もあると思うが、それ以上に、漠然とした「日本語ができないかもしれない」という不安が生まれた。笑い話だった「日本語が出てこない」という現象は、突如として重みのある悩みへと変わったのである。

最初は私だけに起きている現象かもしれないと思っていたのだが、友人たちにこの話をすると、とても共感された。在学中は感じることのなかった問題が、卒業後に他のコミュニティに属することで表面化していた。どうやら、筆者が卒業したＥＭＩ実施学部でなくとも、大学が英語環境であった人たちは皆、共通して日本語に対してちょっとした問題があるようだった。

日本のＥＭＩ実施学部はグローバル人材育成の流れにある。今後はさらにＥＭＩ実施学部は増加していくだろう。しかし、実際には日本政府が望んだような複数言語話者は育成されず、日本語と英語、多様性と日本人の在るべき姿の狭間《はざま》で苦しんでいる人がいる。

筆者の立場としては、それぞれの多様性は尊重されるべきだと思うし、どんな社会であっても全ての人が自由に生きられる環境であるべきだと思う。決して今回の研究の結果で「日本人としてのアイデンティティを持たなければならない」という圧力を強めよ、と述べているのではない。

この研究が明らかにしたことが、日本社会にとって大きなインパクトになるとは考えていないが、本書を読み、現在、日本社会で孤独に日本語の不安を抱えているマイノリティな日本人にとって、「私一人の問題じゃなかったんだ」と救いになれば幸いである。

英語ヒエラルキー　目次

本文図版作成・キンダイ
本文デザイン・熊谷智子

I

EMI教育と学生の不安

佐々木テレサ

第1章

いま、なぜ「日本語の不安」なのか？

（1）ＥＭＩ実施学部で英語で学んで

「グローバル化が進行している」と日本で謳《うた》われるようになって久しい。日本政府は急速なグローバル化に対応すべく、高等教育において英語を教授言語とするＥＭＩプログラムの設置を推し進めている。

ＥＭＩとは、「はじめに」でも触れたように、「English-Medium Instruction」の略で、人口の大多数の母語が英語ではない国や地域で、英語を使って教科を教えることである(Dearden, 2014: 4　筆者翻訳)。

日本でのＥＭＩは増加傾向にある。２００８年に４年制大学のうち、学部段階で「英語による授業」（日本語を併用するもの及び英語教育を主たる目的とするものは含まない）を実施していたのは１９０校で、「英語による授業」のみで卒業できる学部は８学部であった（文部科学省、２０１０）。しかし、２０２１年度では、４年制大学全体の40・8％にあたる３０７校が、学部段階で「英語による授業」を実施し、「英語による授業」のみで卒業できる学部数は88学部にのぼる（文部科学省、２０２１）。ＥＭＩはさらなるグローバル化に対応するため、今後も増加していくと予想される。

筆者は、日本生まれの日本育ちで、日本のＥＭＩ実施学部を卒業した。４年間を日本にいながら英語環境で過ごし、１年間の海外留学も経験している。

ＥＭＩ実施学部を卒業し、大学院に入学すると、筆者は自身の日本語に漠然とした不安を持ち始めるようになった。この漠然とした日本語の不安は、筆者一人だけが感じているものではなく、同じく日本のＥＭＩ実施学部を卒業した友人たちのなかにも、日本語に対してなんらかの不安を抱えるものがいた。そしてその不安は、ＥＭＩ実施学部のコミュニティの外に属したときに現れているようだった。

筆者は、日本でＥＭＩを実施する学部が増加するとともに、筆者と同じように「日本語の不安」を持つ日本人、つまり、母語に不安を持つ日本人が増加していくのではないだろうかと考える。予想されるこのような状況に対して、日本語教育の視点からできることは何だろうか。

こうした筆者の経験と日本でのＥＭＩ増加という現状が、「日本の大学でＥＭＩ実施学部を卒業した日本人学生の就労時の日本語の不安」という問題意識につながった。

（2）卒業生が抱えることばの不安

前述のとおり、筆者は日本のＥＭＩ実施学部を卒業し、ＥＭＩ実施学部のコミュニティの外に属したとき、母語である日本語の不安を自覚した。自分が書く日本語、話す日本語が、どこか変なのではないか、相手に伝わっていないのではないか、という不安が常に付きまとっているのである。

この不安を自覚してから、同じようにＥＭＩ実施学部で４年間を英語環境で過ごした友人たちに、日本語の不安について相談すると、多くの共感が得られた。彼らも筆者と同じく、ＥＭＩ実施学部のコミュニティの外に出て、新しい環境に属してから、日本語の不安を感じるようになっていた。

日本のＥＭＩ実施学部を卒業した友人たちは、日本語に不安がある理由は、ＥＭＩ実施学部で日本語を使っていなかったからだと口々に言っていた。筆者もＥＭＩ実施学部の影響は大いにあると感じている。

日本のＥＭＩ実施学部は、グローバル人材育成の系譜にある。筆者は、グローバル人材育成の過程において英語能力を重視する点が、ＥＭＩ実施学部の日本人学生・卒業生に対して、グローバル人材としての自覚を生み出したものの、同時に日本社会との価値観の違いを生み出しているのではないかとも考えるようになった。

日本のＥＭＩ実施学部の卒業生は、どのような日本語の不安を抱えているのか、そしてその不安の原因は何か、彼らはグローバル人材をどのように捉え、自身をどのように意味付けているのか、筆者はこれらについて探りたいと考えた。

（３）グローバル人材育成の促進と、広がるＥＭＩ教育

当初は外国人労働者を指していたグローバル人材

世界中に急速に広まったグローバリゼーションの流れを受け、日本でもグローバル化に対応すべく、教育面での国際化の促進、グローバル人材の育成に力を入れるようになった。

２０００年、大学審議会が「グローバル化時代に求められる高等教育の在り方について」の答申を発表した。中鉢（２０２０）によると、この答申では「外国語とりわけ英語を重視し、グローバルな知識を吸収、発信し、英語をコミュニケーションツールとして駆使するこ

とが唱えられて」（P109）おり、これにより、各大学は国際化を一層推し進めるよう促された。

2006年には、国会で政治家により初めてグローバル人材という用語が議論に上った。この時点でのグローバル人材とは、主として外国人労働者を指していた（大西、2018）。ここでの議論は「日本に研究或いは留学で来た多くの外国人たちが、日本企業に就職したは良いものの、企業側は外国人のキャリアパスを明確に示せない、これでは優秀な外国人が日本に来て働いてくれないではないか」（大西、2018：169）という問題の提起であった。

2008年、文部科学省は、日本のグローバル化促進のため、「留学生30万人計画」を制定し、「国際化拠点整備事業（大学の国際化のためのネットワーク形成推進事業）」（グローバル30）を発表した。

グローバル30では、大学の国際化推進のため、「英語による授業等の実施体制の構築」「留学生受入れに関する体制の整備」「戦略的な国際連携の推進」という3つの柱を立て、拠点として13の大学を採択した（文部科学省「グローバル30とは」）。

グローバル30に採択された大学においては、「留学生受入体制の整備をはじめとする大学の国際化へ向けた取組を実施し、留学生と切磋琢磨する環境の中で国際的に活躍できる高度な人材を養成することを目的」（「グローバル30とは」：１）としている。

採択大学の取り組みの一つとして「英語による授業のみで学位が取得できるコース」が大幅に増設された（「グローバル30とは」）。この「英語による授業のみで学位が取得できるコース」が、ＥＭＩにあたる。

グローバル人材の定義の変化

２００９年、経済産業省は、「産学人材育成パートナーシップ グローバル人材育成委員会」を組織した。このグローバル人材育成委員会では、グローバル人材を以下のように定義した。

> グローバル化が進展している世界の中で、主体的に物事を考え、多様なバックグラウンドをもつ同僚、取引先、顧客等に自分の考えを分かりやすく伝え、文化的・歴史的なバックグラウンドに由来する価値観や特性の差異を乗り越えて、相手の立場に立って互いを理解し、更にはそうした差異からそれぞれの強みを引き出して活用し、相乗効果を生み出して、新しい価値を生み出すことができる人材。

（経済産業省、２０１０：31）

この定義では「日本人対象とは断っていないものの、少なくともそれ以前のように外国人労働者のみを指したものではないことは文言から明らか」（大西、２０１８：170）であった。

翌２０１０年、文部科学省は「産学連携によるグローバル人材育成推進会議」を設置した。この会議では、「グローバル社会、知識基盤社会の中で逞《たくま》しく生き抜く人材の育成と支援は、教育界と産業界両者に共通する重要課題であり、国を含めた三者協力の下で、グローバル人材の育成と支援に取組むことが必要となっている」（文部科学省、２０１１ｂ：４）と、グローバル人材育成の重要性を指摘している。

その上で、同会議では、グローバル人材を以下のように定義した。

> 世界的な競争と共生が進む現代社会において、日本人としてのアイデンティティを持ちながら、広い視野に立って培《つちか》われる教養と専門性、異なる言語、文化、価値を乗り越えて関係を構築するためのコミュニケーション能力と協調性、新しい価値を創造する能力、次世代までも視野に入れた社会貢献の意識などを持った人間。
>
> 文部科学省（２０１１ｂ：３）

大西（２０１８）はこのグローバル人材の定義について、「わざわざ『日本人としてのアイデンティティ』と断ってあることからして、日本人のみを対象とした定義であることは自明であろう」（Ｐ170）と述べ、グローバル人材の姿が外国人労働者を対象としたものから、日本人を対象にしたものへと変化したことを強調した。

西村・趙（２０２２）も、大西（２０１８）と同様に、日本の高等教育機関におけるグローバル化について、「ここに至って流れは優秀な留学生の受入れから、有能なグローバル人材の育成へと明確に転換した」（Ｐ14）とグローバル人材の認識の変化を述べている。

その後、経済産業省、文部科学省、それぞれから発された２つのグローバル人材の定義の流れを受け、グローバル人材育成推進会議が発足した。

人口減少と超高齢化が進む日本では、今後、「経済が新たな成長軌道へと再浮上するためには、創造的で活力のある若い世代の育成が急務である」（文部科学省、２０１１ａ：１）とし、特に「グローバル化が加速する21世紀の世界経済の中にあっては、豊かな語学力・コミュニケーション能力や異文化体験を身につけ、国際的に活躍できる「グローバル人材」を我が国で継続的に育てていかなければならない」（文部科学省、２０１１ａ：１）とグローバル人材の育成を掲げた。

２０１２年、それまでの審議のまとめである「グローバル人材育成戦略」が公開され、「グローバル人材の定義こそ明確に書かれていないものの」、「経済産業省及び文部科学省によるこれまでの議論をほぼ追認し」（大西、２０１８：170）たグローバル人材の概念を構成する以下のような要素が提示された。

○要素Ⅰ：語学力・コミュニケーション能力
要素Ⅱ：主体性・積極性、チャレンジ精神、協調性・柔軟性、責任感・使命感
要素Ⅲ：異文化に対する理解と日本人としてのアイデンティティー
○このほか、（中略）幅広い教養と深い専門性、課題発見・解決能力、チームワークと（異質な者の集団をまとめる）リーダーシップ、公共性・倫理観、メディア・リテラシー等

首相官邸（２０１２：８）

このグローバル人材の概念を構成する要素は、最終的な日本におけるグローバル人材の定

義と捉えられており、現在もグローバル人材を語る際に用いられている。

政府が示したグローバル人材の育成方法――徹底した国際化と大学改革

グローバル人材の定義を提示すると共に、日本政府は、ただグローバル人材を定義するだけではなく、具体的なグローバル人材の育成方法にも触れている（大西、２０１８）。それは「高校生や大学生を含む日本人の若者の海外留学促進策」と、海外留学促進を支える「本邦大学の国際化に向けた改革案」（大西、２０１８：171）である。

この２つの大きな柱を背景に、２０１４年、文部科学省は「スーパーグローバル大学創成支援事業」の実施を開始した。これは、「世界トップレベルの大学との交流・連携を実現、加速するための新たな取組や、人事・教務システムの改革、学生のグローバル対応力育成のための体制強化など、国際化を徹底して進める大学を重点支援する」ことが目的で、「徹底した国際化と大学改革」（TOP GLOBAL UNIVERSITY JAPAN「スーパーグローバル大学創成支援事業とは」）を推し進めている。

つまり、ここまでの日本のグローバル人材育成の経緯は、今後の日本の成長と発展のためには、日本人を対象としたグローバル人材の育成が必要不可欠であり、グローバル人材の育成を実現するためには、本邦大学の国際化が必要である、という流れになる。

ここで注目したいことは、グローバル人材の育成に関して、語学力、つまり英語能力が重視されているという点である。「グローバル人材育成戦略」においても英語能力の強化が謳われ、「英語能力の獲得のための諸課題が報告書の大半を占めている」（吉田、２０１４：169）。

グローバル人材育成と、そのための英語能力の強化に、ＥＭＩが注目されたことは、いうまでもない。２０１４年に実施が開始された「スーパーグローバル大学創成支援事業」では37校が採択され、採択大学での取り組みとして「外国語による授業科目を増やす」「外国語のみで卒業できるコースの在籍者の増加」があるなど、グローバル人材育成のためにＥＭＩが推進されている（TOP GLOBAL UNIVERSITY JAPAN「スーパーグローバル大学創成支援事業とは」「採択大学が設定している主な成果目標」）。

２００６年の国会での発言では、グローバル人材の内容が外国人労働者を指していたこと、そして２００８年に開始された留学生30万人計画でＥＭＩの導入が促進されていたことを考えると、その時点でのＥＭＩの意味合いは、留学生を受け入れる間口であり、そしてゆくゆくは高度人材として日本で就労してもらうという意図が大きかったと考えられる。

しかし、２００９年ごろから徐々に、グローバル人材の定義が外国人労働者と日本人を含むもの、日本人を対象にするものへと変化していった。すなわち、ＥＭＩは、日本人を対象に実施される場合、グローバル人材の育成という意味合いが強くなったのである。

嶋内（２０１６）によると、多くの日本の大学は、主に次の３つの目的を持ってＥＭＩを取り入れていった。①「大学における国際的教育研究拠点の形成と国内・国際的認知度の上昇」（P65）、②「外国人留学生の受け入れ拡大とその質の向上」（P65）、③「国内学生の国際的競争力強化（「グローバル人材育成」「自国コンテンツの世界化」）」（P65）である。

森住（２０１５）は、日本の大学のＥＭＩには2つの側面があるとしている。１つ目は、日本人学生に英語を話す環境で勉強することを奨励し、グローバル化する労働条件に対応できるようにすること、２つ目は、留学生が日本語を気にすることなく授業を受けられるような学位コースを設けることだ。

嶋内、森住それぞれの分類から分かるとおり、日本の大学が実施しているＥＭＩには、留学生の日本滞在に門戸を開く機能と、グローバル人材育成の機能があるといえる。日本政府が日本人のグローバル人材育成を推し進めている事実があるため、グローバル人材の育成とＥＭＩの実施は日本において密接に関わっているといえよう。

前述のとおり、ＥＭＩにあたる授業は増加傾向にあり、日本政府がグローバル人材の育成を積極的に図り続ける限り、今後も日本でのＥＭＩの増加は必至である。

（4）この本で伝えたいこと

本研究の目的は、日本の大学のＥＭＩ実施学部でグローバル人材として育成された日本人卒業生の、ＥＭＩでの経験の振り返りから、就労時の「日本語の不安」の原因を明らかにすることであり、その上で、日本のＥＭＩ実施学部に対する提言を行なうことである。

グローバル化に伴い、日本の大学でのＥＭＩの実施が盛んに議論されている。しかし、ＥＭＩの実施により日本語に対して不安を覚える日本人が現れている。これまでに見てきたとおり、ＥＭＩは、日本のグローバル人材育成の系譜にあり、日本人学生の英語教育に強く焦点が当てられているが、それはすなわち、日本人を含めた多言語話者の育成の問題である。多言語使用を含む日本語の問題というのは日本語教育の問題でもあるだろう。

その上で、本研究の意義は、２つある。

１つ目は、今まで社会に認識されていなかった、日本語母語話者の日本語に対する不安に焦点を当てることで、日本社会に新たな問題を提示できるという点である。そして、これまで実体を伴っていなかったグローバル人材育成教育の中身と結果を提示し、今後のグローバル人材育成の過程にあるＥＭＩの実施について一石を投じる点である。

２つ目は、これまで日本語教育は外国人を対象に行なわれることが前提であったが、日本人であっても母語である日本語に不安がある人がいることが明らかになれば、日本語教育の対象の範囲に変化をもたらし、新たな可能性を導くことができる。

以上が本研究の意義である。

本書の第Ⅰ部は４章構成で、すでに第１章では、問題意識、研究背景、研究目的、研究意義を述べた。第２章では、グローバル人材、ＥＭＩ、ことばの不安に関する先行研究を紹介した上で、再度、研究の目的を述べ、調査方法についても述べる。第３章では調査の結果を紹介し、第４章では結論と提言、および本研究のまとめと今後の展望を示す。

第Ⅱ部では、指導教員であった福島青史教授が解説を担当する。

第2章

グローバル人材教育とEMIの現状

（1）グローバル人材とは何か？

政府による定義と、それに対する懐疑的な指摘

前章の（3）でも触れたが、2012年、「グローバル人材育成戦略」が公開された。そこには、グローバル人材の定義は書かれていないものの、グローバル人材の要素が挙げられている。この要素が、現在もグローバル人材を語るときに用いられている。

要素Ⅰ：語学力・コミュニケーション能力
要素Ⅱ：主体性・積極性、チャレンジ精神、協調性・柔軟性、責任感・使命感
要素Ⅲ：異文化に対する理解と日本人としてのアイデンティティー

首相官邸（2012：8）

本書では、これらのグローバル人材の要素を有している人を「グローバル人材」であると捉えることとする。

グローバル人材の定義において、英語能力が重視され、その他の能力については曖昧《あいまい》で、かつ具体的な育成方法が提示されていないため、グローバル人材という言葉には懐疑的な意見が多くある。

吉田（２０１４）は、グローバル人材の育成がいかにローカルな視点で展開されているかについて言及し、グローバル人材の育成がローカルである点を、産業界、高等教育政策、大学、新聞の４つのアクターに分けて考察した。

吉田は、第一に、「産業界は、企業内部の人材育成というローカルな問題を、日本社会の課題に転換し」、「日本企業のグローバル化を、日本人に期待して達成するという理論」（Ｐ36）がローカルな視点であると主張している。

第二のローカルな視点は、高等教育政策に関して、「留学生の招致による国際化を主としてきた」が、「グローバル人材育成が登場すると、ターゲットは日本人となり、国家予算は日本人のために利用すべし」という「ローカリティの高い議論」（Ｐ36）に転換したことだ。

第三のローカルな視点は、大学は「政策誘導と生存戦略を無視することはできず」、「知識の宿り場として国境にとらわれないグローバルな位置を付与されていたが、眼前の（グローバル人材育成という）ローカルな課題への対応がより重視されている」（Ｐ36）点である。

第四のローカルな視点は、新聞が「グローバル人材育成というローカルな問題を、グローバリゼーションの問題と同列に論じ」（Ｐ36）ていることである。

吉田（２０１４）は、それぞれのアクターは「空間的にも時間的にもローカルな視点に立脚した議論を展開しており、グローバル人材の育成という課題の背後にあるグローバリゼーションという問題が矮小化されてしまっている」（Ｐ36）と、ローカルな課題の押し付けによりグローバル化の本来の意味から遠ざかっていることを指摘している。

加えて、本来日本がなすべきことは「日本の位置を確認し世界のなかで日本が果たすべき役割を考察すること」（Ｐ36）であり、日本が国際社会で競争優位に立つためのグローバル人材の育成ではない、と現在のグローバル人材の在り方を批判している。

大西（２０１８）は吉田（２０１４）と同様にメディアによるグローバル人材の報道の仕方に言及している。大西は新聞各社のデータベースを使い、グローバル人材という言葉がどういった文脈で報道されているかを振り返った。

大西によれば「新聞が報じるグローバル人材の記事は、英語や留学と関連づけたものが圧倒的に多」く、「これらの記事を通して、一般の読者が受け取るグローバル人材のイメージは」、「学生時代に留学を経験して、英語を臆せず話せる人というのがその最大公約数」（Ｐ

181）である。そして、メディアは留学や語学力の側面ばかりを報道するのではなく、「グローバル人材が持つ多面的な要素を多角的に紹介する必要がある」（Ｐ182）と今後の報道の在り方について言及している。

育成方法としての海外留学と、学生たちの意識

上記の指摘は、グローバル人材そのものについての批判であったが、それでは、グローバル人材育成には具体的に何が効果的なのだろうか。

末松（２０１７）は、グローバル人材の定義について、英語能力以外の能力が漠然としていて、かつ、学生が卒業時またはグローバル人材育成プログラムの修了時までに得るべき資質を、具体的にどのようにして習得していくのかが示されていないと指摘した。

その上で末松は、前期の能力・資質を得る方策として、海外留学を挙げている。「海外留学がグローバル人材育成の要《かなめ》となることが前提となっている」（Ｐ45）とし、海外留学は「異なる言語・文化圏で一定の期間、学習・生活する中で、語学やコミュニケーション能力を高め、新しい価値観、社会観、宗教観等に触れ、葛藤したり共鳴したりしながら成長する機会そのものが、国際社会を生き抜くためのコンピテンシーの醸成につながる」（Ｐ45）と、

海外留学が学生にとって多くの効能がある良い経験になると示している。

しかし一方で、末松は、経済的問題や、語学力の不足、海外生活への不安などから、海外留学へ一歩を踏み出せない学生が未だ多くいることにも触れている。その上で、「いかにして海外留学というグローバル人材育成への近道に及び腰、もしくは関心のない学生に国際体験を奨励すべきか。海外留学の代替経験や、留学啓発および準備教育をカリキュラムに取り入れることで大学教育のグローバル化を図る方策がある」（Ｐ46）と大学内での国際体験を奨励している。

では、グローバル人材として育成される学生たちは、グローバル人材に対してどのようなイメージを持っているのだろうか。

早稲田大学教育学部の学生を対象とした意識調査では、学生たちにとってグローバル人材の要素のうち、どの要素が重視されているかを測った（姉川、２０１６）。同調査では、「大学におけるグローバル人材育成のための指標調査」で用いられた、グローバル人材に必要だとして示されている17の資質項目が用いられた。

姉川は、回答を寄せた５７２人の学生に対して、上記の17の資質項目を示しつつ、その項目のうち、どれを大学卒業時までに身に付けておくことが重要で、どの項目が大学生活を通して身に付いたかを質問した。

結果として、学生たちは好奇心やチャレンジ精神、主体性を持つことは重視しているが、愛国心や自国への理解や英語力についてはさほど注目していなかった（吉田、２０１６）。「つまり、政府の『グローバル人材育成戦略』で示された要素Ⅱの重要性については学生も概ね賛同しているものの、要素Ⅰ及びⅢについては必ずしもそうでない」（大西、２０１８：174）という態度が学生たちの意識だといえる。

ここまで触れてきたように、グローバル人材という言葉に対する批判や、要素とされる能力を育成する方法の提案はあるものの、実際にグローバル人材として育成された学生がどのような能力を持っているのか、グローバル人材の能力育成のために有効とされている留学が個々の学生にどのように作用しているのか、ＥＭＩにあたると思われる大学内での国際体験が、実際にグローバル人材育成にどれほどの効果を上げているのかは書かれていない。

また、学生が重視しているグローバル人材の要素は量的なデータであって、各々がグローバル人材をどう捉えているかは書かれていない。

（２）日本でのＥＭＩの現状

ＥＭＩの定義

ＥＭＩ（English-Medium Instruction）はDearden（2014）によると“the use of the English language to teach academic subjects in countries or jurisdictions where the first language（L1）of the majority of the population is not English”（p.4）、つまり、人口の大多数の母語が英語ではない国や地域で、英語を使って教科を教えることである。これはここまでにすでに述べた。

しかし、ＥＭＩという用語は、研究者や教育者の間で曖昧に使用されており、松村（２０２０）は、ＥＭＩの用語の定義として２つの使われ方があるという。

１つ目は、言語学習（英語学習）という目的は関係なく、教授する内容にのみ焦点を当てたもの、２つ目は、ＥＭＩには、教授する内容のみならず、受講者の学術的な語学力（英語能力）を高める目的も含まれている、というものだ。

小島（２０１９）では、「日本人学生は興味のある科目内容を英語で学びたいという英語学習及び科目学習に対する意欲をもってＥＭＩを履修する」（Ｐ50）とあることから、ＥＭＩを受講する日本人学生側は、英語能力の向上を期待しているといえる。少なくとも、日本のような、英語が大多数にとって第二言語である環境では、ＥＭＩには英語能力育成という側面もあるだろう。

類似の用語としてＣＬＩＬ（Content and Language Integrated Learning）がある。ＣＬＩＬは、ＥＭＩと同じように教科科目を英語を通して学ぶ。ＥＭＩとＣＬＩＬについては境界線が曖昧ではあるが、堀内（２０２１）は「ＣＬＩＬが言語学や英語教授法といった英語学習の視点で発達してきたのに対し、ＥＭＩは英語学習そのものには焦点をあてておらず、高等教育のグローバル化への対応としての『現象』を指すニュアンスが強い」（Ｐ550）とＥＭＩとＣＬＩＬの違いを述べている。

本書では、英語学習の効果について言及するのではなく、教授言語が英語である、ということに着目するため、ＥＭＩの立場から論じることとする。

また本書では、ＥＭＩを、Dearden（2014）のいう「人口の大多数の母語が英語ではない国や地域で、英語を使って教科を教えること」（Ｐ４、筆者翻訳）と定義し、かつ、日本人にとっては、教師やＥＭＩプログラム提供側にその意図がなくとも、英語学習の側面があるものとして捉える。

日本国内でのＥＭＩの実施形態

グローバル化の進行と共に、英語が教育やビジネス現場で共通語として使用されることが増加し、ＥＭＩは高等教育の国際化促進のため、世界中で急速に広がっている（小島、２０１９）。日本でも、先述の２００８年の「グローバル30」を皮切りに、大学の国際化とグローバル人材育成の役割を担うため、ＥＭＩは増加の一途をたどっている。

国内でのＥＭＩが増加していくにあたり、嶋内（２０１６）は、日本の大学のＥＭＩ科目群の実施形態を３つに分類した。①留学生を囲い込む出島型、②日本人学生対象のグローバル人材型、③留学生と日本人学生双方からなるクロスロード型である。

中鉢（２０２０）は、日本の大学におけるＥＭＩの教授形態を、以下の５つに分類している。

①イマージョン型：英語のみですべての授業が行われ、英語使用のみで卒業できるものである。教授者は、教える科目の専門家で、英語のネイティブスピーカー、バイリンガル、

海外で学位を修めた英語を第二言語とするスピーカーであることが多い。

②サブイマージョン型：英語で行われる科目と日本語で行われる科目が混在する。同じ科目を英語と日本語と別々に提供する場合もある。教授者は教える科目の専門家で、英語のネイティブスピーカー、バイリンガル、海外で学位を修めた英語を第二言語とするスピーカーであることが多い。

③CLIL型：特定の分野を英語で教えるが、教授者は英語教育を専門とし、英語のネイティブスピーカー、バイリンガル、海外で学位を修めた英語を第二言語とするスピーカーであることが多い。

④ESP型：ビジネスや科学など学部・学科に特化した分野を英語で教えるが、教授者は英語教育を専門とし、英語のネイティブスピーカー、バイリンガル、海外で学位を修めた英語を第二言語とするスピーカーであることが多い。

⑤ブリッジ型：学部・学科の専門に応じて、基礎的な語彙《ごい》や内容を英語で学ぶ。必要な時には日本語を使用することもある。教授者は、英語教育の専門家または科目の専門家であり、日本語ネイティブスピーカーが多い。

中鉢（2020：110）

嶋内（２０１６）と中鉢（２０２０）のＥＭＩの分類を参照しても分かるとおり、日本のＥＭＩは、実施形態においても教授形態においても様々な形態をとっており、ひと言で日本でのＥＭＩを言い表すことは難しい状況である。加えて、上記の分類を複数組み合わせた授業形態をとっている可能性も十分に考えられるため、正確に日本のＥＭＩの実態を捉えることは困難であろう。

遅れる「教育的効果」についての研究——学生の負担、理解不足を放置

ＥＭＩは世界中で急速に広がっているものの、ＥＭＩについての研究は遅れており、ＥＭＩにどのような教育的効果があるのかは明らかになっていない（Macaro, 2018）。さらに、日本におけるＥＭＩについての研究は非常に少なく、日本人学生は何を学び、どのように経験を積んでいるのかは明らかになっていない（Yamamoto & Ishikura, 2018）。

桑村（２０１８）は、ＥＭＩのデメリットは、講義内の言語が非母語の場合、教員が発信する情報量と、学生が理解でき、獲得する知識量が限られてしまうことであり、「英語媒介での授業が日本語媒介での授業と同等の学習成果や教育の質を保証できるか否かは不透明で

ある。学生が非母語で専門用語や概念を理解するのは敷居が高く学びの負担も大きい」（Ｐ12〜13）と、ＥＭＩの問題点を指摘している。

Kojima & Yashima（2017）の調査によると、ＥＭＩは学生への負担が大きく、日本人学生は英語力の程度にかかわらず、平均して講義内容の52％しか理解できていないことが明らかになっている。

村田・小中原・飯野・豊島（２０１８）が２０１６年に早稲田大学のＥＭＩプログラム（学部全体でＥＭＩを実施している国際教養学部及び国際コミュニケーション研究科、日本人学生と留学生を含む計41名）で行なった調査では、ＥＭＩの弱点について、「内容理解に支障」や「学習内容の希薄化」など、内容理解に関する問題が多く挙がっていた。さらに、回答者のうち14％が、ＥＭＩの弱点として「日本語能力の欠如」を挙げている。

村田・飯野・小中原（２０１７）は、グローバル化により英語がＥＬＦ（English as a Lingua Franca：国際共通語）として使用されるようになってきたにもかかわらず、旧来の英語観、つまり英語母語話者の英語を規範とする英語観のままで、日本でのＥＭＩが実施されていることを問題視している。

先行研究では、日本のＥＭＩの実施形態の分類や、在学中の留学生と日本人学生の立場から日本のＥＭＩを振り返ったもの、ＥＭＩに対する意識をアンケートなどの量的なもので調査したものが多く、一人ひとりがＥＭＩでの経験をどのように振り返っているのかを、語りから調査した研究は見当たらない。また、日本語に注目した立場からＥＭＩを捉えた研究は、ほとんど見当たらなかった。

（3）ことばと不安

「ことばの不安」に関する研究は、主に、外国語学習時に感じる不安が対象となっている。MacIntyre & Gardner（1994a）は、不安を「特性不安」「状態不安」「状況特有不安」の3つのタイプに分類している。

「特性不安」とは、「様々な状況下で不安になる安定した素因」（Ｐ2、筆者翻訳）で、「状態不安」とは、「現在の状況に対する感情反応として、一過性、瞬間瞬間の不安を経験すること」（Ｐ2、筆者翻訳）である。「状況特有不安」は、「特定の状況において不安になる確率」（Ｐ2、筆者翻訳）であり、言語の不安は、言語使用または言語習得時に現れる「状況特有不安」である。

言語不安についての定義は様々である。

MacIntyre & Gardner (1994b) は、「言語不安は、話す、聞く、学ぶといった第二言語の文脈に特に関連する緊張や懸念の感覚」（Ｐ284、筆者翻訳）と定義している。

八島（２００４）は、言語不安を「話者が最も自由に操れる言語でないことば、多くの場合習得の途上にあることばを使う時に感じたり、学習する時に経験する不安」（Ｐ31）と定義している。

元田（２００５）は、MacIntyre & Gardner (1994b) のいう言語不安を「第二言語不安」と表し、「第二言語の学習や使用、習得に特定的に関わる不安や心配と、それによって引き起こされる緊張や焦り」（Ｐ32）と定義している。

いずれにしても言語不安は、外国語や第二言語を学習したり使用したりするときに出現する不安であると定義されている。本書で扱うことばの不安、つまり「母語の不安」については触れられていない。

言語不安を構成する要素も様々に検討されている。

Horwitz, Horwitz, & Cope (1986) は、言語不安の主な構成要素は、「コミュニケーションに対する懸念」「テスト不安」「否定的評価に対する恐れ」の３つであるとしている。

「コミュニケーションに対する懸念」は、他者との口頭でのコミュニケーションにおける、個人的な恐怖や不安を指し、「テスト不安」は、文字どおり、試験において試験前から試験中にかけて不十分な結果（満足いかない結果になること）を心配することである。「否定的評価に対する恐れ」は、他者が自分を否定的に評価するのではないかという懸念や予想である。

Young（1990）は、発話での言語不安の構成要素を、「コミュニケーションの懸念」「対人不安」「自尊感情」の3つであるとした。

「コミュニケーションの懸念」は、Horwitz他（1986）の「コミュニケーションに対する懸念」と同様のものであり、「対人不安」は「否定的評価に対する恐れ」と同様である。「自尊感情」については、「自尊感情」の低い学習者は、言語不安の構成要素である「コミュニケーションの懸念」「対人不安」が高い傾向にあるという。

Andrade & Williams（2009）は、授業内の言語不安を4つに分類した。学習者は、①「コースの内容や構成に対する期待に応えられないときに認知的緊張を感じ」、②「他の学習者や講師との交流に満足できないときに感情的緊張を感じることがある」。また③「テストでの成績が悪いことへの不安であるテスト不安」や、④「文法、リスニング、スピーチ、リーディング、ライティングに関連する緊張など、特定のテーマやタスクに対する不安」（すべてP3、筆者翻訳）を感じる。

Horwitz他（1986）、Young（1990）、Andrade & Williams（2009）のいずれにおいても、不安の構成要素の中には他者の存在が含まれており、元田（２００５）は、「今日の第二言語不安の概念は、言語使用の本質が他者とのコミュニケーションであることに着目し、社会心理学における研究を積極的に導入して形成されたものである。」（P31）と述べている。

言語不安が生まれる経緯をMacIntyre（1999）は次のように述べている。

> 言語習得の初期の段階では、学習者は文法といった多くの困難に出会うが、それらの困難を懸念したり、間違えることを想像したりすると、状態不安が引き起こされ、その状態不安を何度も経験すると、状態不安が第二言語と結びつくため、学習者は第二言語使用の中で不安を予期できるようになり、そしてそれがまた言語不安を引き起こす。
>
> （MacIntyre, 1999：30-31, 筆者翻訳）

つまり、MacIntyre（1999）は、言語不安が生じる原因は、不安を何度も感じることで不安を予測できるようになるからだという。

一方で、元田（２００５）は、言語不安を「対人不安の一種であるといっても過言ではない」（P21）と述べている。対人不安とは、社会心理学に基づくもので、「他者からの評価に対する懸念」（元田、２００５：21）である。

第二言語の使用は、他者とのコミュニケーションを前提としている。そのため、コミュニケーションの過程で使用する言語が、第二言語や外国語であっても、不安が出現する場面は、他者の存在や、他者からの評価が伴う「対人場面」となる（元田、２００５）。

つまり、第二言語や外国語を使用するときは、どうしても他者の評価を意識せざるを得ず、その意識が言語不安へとつながるのである。

（4）これまでの研究

グローバル人材についての先行研究は、グローバル人材という言葉に対する批判や、提示された能力の曖昧さ、英語能力重視の姿勢に対する苦言、英語能力向上のために留学や大学でのＥＭＩを含めた国際体験の推奨、量的なアンケートでの学生が重視するグローバル人材の要素の特定など、グローバル人材の定義に対する批判や在学中の学生に対する調査が行なわれていた。

しかし、実際にグローバル人材として教育された学生たちが、経験をどのように振り返っていて、グローバル人材をどのように捉え、ＥＭＩがグローバル人材育成にどの程度効果的であったのかは不明である。

そして、在学中の学生を対象にした調査に止まっているため、グローバル人材として教育された人の卒業後を対象とした調査は見当たらなかった。

また、グローバル人材についての先行研究では、量的調査は行なわれているものの、インタビューなど実際の語りから考察する質的調査は見当たらなかった。

日本でのＥＭＩの現状に関する先行研究では、日本のＥＭＩプログラムが多様化していること、教育効果が不明瞭であること、学生の負担が大きいこと、ＥＭＩの弱点、ＥＬＦ(English as a Lingua Franca)の観点ではなく英語母語話者の英語を規範とする英語観のままでＥＭＩが実施されていること、などが明らかにされている。それらは留学生や在学中の学生に対する量的な調査によるものであった。

しかし、先行研究で言及されているように、日本人学生がどのような経験を得て、何を学んだかについての研究は非常に少なく、在学中に学生の言語意識に変化があったのか、英語能力が向上したのかを提示したものは少なかった。

また、卒業後に別のコミュニティに属してから行なわれたＥＭＩの振り返りもなかった。加えて、ＥＭＩの弱点として「日本語能力の欠如」が挙げられていた以外に、ＥＭＩと日本語について言及したものはなく、本研究で扱うＥＭＩと日本語の不安の関係について、語りから明らかにしたものもなかった。

ことばの不安についての先行研究は、そもそも、ことばの不安として想像されるものが、第二言語、または自国で学習する外国語であり、母語に対する不安は含まれていない。第二言語不安の要素は様々に提示され、第二言語不安にいたる経緯は、何度も不安を感じる状況を繰り返すことや、他者の存在が影響する対人不安の一種であるとされている。

しかしながら、母語の不安は特有のものがあるか、その不安の要素は何か、そしてどのような経緯で不安にいたるのかは明らかになっていない。

（5）本研究で明らかにすること

繰り返しになるが、本研究の目的は、日本の大学のＥＭＩ実施学部でグローバル人材として育成された、日本語に不安を持つ日本人卒業生のＥＭＩでの経験の振り返りから、就労時の「日本語の不安」の原因を明らかにすることである。その上で、日本のＥＭＩ実施学部に対する提言を行なうことが本研究の目的である。

そこで以下のような４つのリサーチクエスチョン（ＲＱ／問い）を立てた。

Q1：日本のＥＭＩ実施学部の日本人卒業生は、ＥＭＩ実施学部に在籍していたことにより、言語意識がどのように変化したか。

Q2：日本のＥＭＩ実施学部の日本人卒業生が抱く日本語の不安の内容は何か。

Q3：日本のＥＭＩ実施学部の日本人卒業生が抱く日本語の不安の要因は何か。

Q4：日本のＥＭＩ実施学部の日本人卒業生は、グローバル人材として教育された自身を、グローバル人材像とどのように照らし合わせているか。

これらの問いに対してインタビュー調査（質的調査）（＊）を行なった。

（＊）質的研究を選んだ理由は、本研究では、日本のＥＭＩ実施学部の日本人卒業生の日本語の不安の実態と、グローバル人材に対する考え、そしてそれにいたるまでの経緯を、量的データではなく、日本のＥＭＩ

実施学部の日本人卒業生の個々の語りから得ようと考えたためである。質的研究の特徴は「研究される現象や出来事の内側からの理解を目的とする」（太田、２０１９：11）ことであり、語り（インタビュー）は「人の感情、思考、意図、過去の行動、経験や世界に対する意味づけ」（太田、２０１９：85）等、調査者が、直接観察することのできない事柄を知ることができる。これらの点において、本研究では、質的研究でインタビュー調査を実施することが妥当であると考えた。

また、インタビュー調査は半構造化インタビューにて行なう。半構造化インタビューは、「構造化された質問と、ゆるやかに構造化された質問を組み合わせた形態のインタビュー」（太田、２０１９：88）である。質問の内容や順序は、ある程度の枠組みを事前に決めておくが、「語り手の語りの内容やインタビューの場の状況に応じて、質問を柔軟に変更したり、追加したり」（太田、２０１９：88）する、語り手に主眼を置きつつも聞き手からもアプローチする方法である。本研究のＲＱに回答するためには、ある程度決められた枠は必要であるものの、研究協力者の答えによっては、柔軟に質問内容を変更したり、さらに細かい質問を追加するなどの対応が必要であり、それによって研究協力者の真意が得られると考えた。そのため単なるアンケート調査ではなく、半構造化インタビューを実施することとした。

＊調査方法

	卒業年	留学先	就職先	入学以前の海外滞在経験
みずき	2021	アメリカ	外資系	あり（帰国子女）
のぞむ	2021	フランス	日系メーカー	なし
あすか	2020	オーストラリア	日系メーカー	なし
じゅん	2021秋	フィンランド	日系メーカー	なし

表１　研究協力者の属性

（1）調査の対象

本調査では日本のＥＭＩ実施学部の日本人卒業生４人を対象とした。研究協力者は日本の同じ大学のＥＭＩ実施学部の卒業生である。研究協力者４人が卒業した学部は４年間を通してＥＭＩを実施し、日本人学生に対して、卒業条件として１年間の海外留学を義務付けている。そのため、本研究の研究協力者の全員が海外留学を経験している。また、リベラルアーツ教育を行なっているため、専攻は基本的にはない（リベラルアーツとは一般教養のこと。研究協力者が所属していた学部は「英語で授業が行なわれる教養学部」ということになる）。

研究協力者の選定においては、個々の特殊な事例と全員に共通する事例の双方が得られると考えたため、研究協力者それぞれが異なるバックグラウンドを有する４人を選出した。卒業時期、留学先、入学以前の海外経験、就職先の属性といったバックグラウンドの異同から４人が妥当であると考えた。

研究協力者の属性は前頁の〈表１〉のとおりである（名前は仮名）。

また、研究協力者は全員が筆者と既知の関係にある。そのような研究協力者を選出した理由は、本研究が研究協力者の内実に迫るものであり、初対面よりも既知であり、かつ、同じ経験をした筆者が調査をすることで、より核心に迫った語りを得られると考えたためである。

(2) 調査方法

研究協力者に半構造化インタビューを実施した。1名につき2時間程度のインタビューを行ない、研究協力者の了解を得て、ICレコーダーにて録音した。インタビューで得られた情報を文字に起こし、分析のためのデータとした。

①質問項目

質問内容は事前に提示し、話す内容を想起のうえでインタビューに臨んでもらった。具体的な質問項目は以下のとおりである。

①大学生活を振り返って、言語やコミュニケーションの観点から自分が得たものや変化したものは何か
②学部選考理由や、留学経験などについて
③大学の学部での生活、または修学内容について
④就職活動におけるポジティブな経験、ネガティブな経験について
⑤社会に出て大学で学んだことがどのように役に立ったか、またそうではなかったか
⑥グローバル人材についての考え

⑦社会に出て言語やコミュニケーションの観点から自分が不安に思うこと、自信が持てないことはなにか

⑧今後の自身のキャリア形成についてどのように考えるか

これらの質問以外にも、インタビュー中に適宜質問を追加した。

②倫理的な配慮

研究協力者には、研究の趣旨・方法・倫理的配慮を明記した文書を使用し、口頭で説明のうえ同意書を交わした（文書は事前に送付し、内容を確認できるように配慮した）。

同意事項として、調査への参加は任意であること、録音・文字起こしデータの作成の同意、調査中に中断・終了できること、同意の撤回ができること、同意を撤回しても不利益はないこと、同意を撤回した場合にはデータを破棄すること、収集したデータは申し出により開示すること、収集した音声・文字データは研究終了後に破棄すること、得た情報は研究以外では使用しないこと、インタビューの結果は修士論文としてまとめること、学術的な目的で公表する可能性があることを確認した。

データについては、同意書は自宅で施錠可能な保管庫にて管理した。文書データは外部記憶装置にパスワードをかけて保存し、その装置は自宅で施錠可能な保管庫にて管理した。得られたデータ・資料は成果物として発表後、10年間保管し、保管する必要がなくなった時点で、全てのデータを完全に破棄する。デジタルデータはデータが保存されている外部記憶装置より完全に削除し、同意書・紙媒体のデータはシュレッダーで裁断のうえ破棄する。

また、インタビュー実施にあたり、プライバシーに配慮しつつ、研究協力者が希望する場所で行

なうこととした（調査責任者自宅、研究協力者自宅、貸会議室）。

なお、本研究の調査目的、調査方法については早稲田大学に倫理申請を行ない承認された（承認番号１９０８）。

③調査の実施期間

調査は２０２２年8月から9月にかけて行なった。

（3）分析方法

データの分析には、佐藤（２００８）の質的データ分析法を援用した。ＥＭＩと日本語についての先行研究は少なく、グローバル人材として育成されたＥＭＩ実施学部の日本人卒業生を対象にした語りに着目したものは見当たらなかった。本研究で設定した研究目的を達成するためには探索的な研究が妥当であると考えられるため、質的データ分析法を援用することとした。

分析については、佐藤（２００８）に従い次のような手順を踏んだ。まず、文字化した音声データをセグメント化し、コーディングした。ここで出たコードをそれぞれ一つずつ記入したカードを作成し、関連ごとのカテゴリーに分類した。さらにカテゴリーに副題として生成した概念を付け、時系列に並べ替えた。さらに見出しとして上位概念を付けて構造化した。

第3章

やっぱりみんな不安だった
——経験者の語りから見る英語ヒエラルキー

本章では、インタビュー調査から得られた結果を示す〈分析の結果生成されたコードと概念の一覧表は巻末P297のとおりである〉。

前章の「＊調査方法」でも述べたが、インタビューは、日本のＥＭＩ実施学部の日本人卒業生４人を対象とした。みな同じ大学のＥＭＩ実施学部の卒業生であり、筆者とは既知の関係である。４人とも、学部での卒業条件として義務付けられている、１年間の海外留学を経験している。Ｐ55の〈表１〉に示したとおり、みずきのみが、当該学部入学以前に海外滞在経験があり、帰国子女である。また、当該学部ではリベラルアーツ教育を行なっているため、専攻は基本的にはないことも繰り返しておく。

（１）入学前――欧米文化への期待と英語による承認

１．ＥＭＩ実施学部を選んだ理由――英語環境への憧れ

インタビューの初めに、在学中から現在にいたるまでを振り返るにあたり、なぜ当該学部を志望したのかを聞いた。

志望理由は共通して〈留学したかった〉からだった。当該学部は日本語を母語とする学生

には1年間の留学を義務付けている。多くの大学や学部では、1年間の留学をする場合、休学や留年のため5年の在学期間を要するが、留学した上で4年で卒業できるというのは魅力的な一面である。それに加え、〈専攻を絞りたくない〉〈英語で何かを勉強する〉という英語でのリベラルアーツ教育に着目した理由があった。

あすか：高校生のときに、進路を決めるよね。そのときに、当時もやりたいことがないし、将来何になりたいのかも分からない。（中略）英語はできたんだよね。でも別に、英語を勉強したいかっていわれると、そうでもなかったから。大学に英文科とかもあるけど、でも違うなと思っていて、英語を使って何かを学ぼうっていう○○（当該学部）を知って、じゃあ、ここに行けばとりあえず英語も使うし、何か自分の興味のあることが出てくるんじゃないかなと思って。

じゅん：学部を絞っちゃうと、たとえば多いのは経済学部とか文学部とかだと思うけど、やったこともないのに、入学の時点で（そういう学部に）絞っちゃうと、日本の大学ってなかなかメジャー（専攻）を変えるっていう選択肢は、あんまり聞いたことがなかったから、それできないじゃん、それいやだなって思ったから、教養学部っていう中でも、特に英語でやるよってアピールしてる○○（当該学部）に興味を持った。

自分が将来何をしたいか分からないという状況で、「何でも勉強できる」というリベラルアーツの環境は、将来に悩む高校生にとって魅力的である。そして英語で勉強をするという点も、これからは英語が必要になる時代だと刷り込まれている世代にとっては魅力的だろう。英語が好き、海外が好きという学生にとっては、進路として当該学部を選択するということは容易に想像できるのである。

また、語りのなかで〈金銭的な理由からアメリカの大学は断念〉した、という発言があったが、海外の大学への進学を経済的な理由で諦め、代わりに国内で英語で勉強できるＥＭＩ実施学部を選んだという受験生も多くいるだろう。経済的な理由だけでなく、日本国内というだけで心理的負担が減るのはいうまでもない。海外の大学よりも、学生自身にとっても親にとっても、負担が少なくて済むのである。日本国内で、なんでも勉強できるリベラルアーツ教育を行なっていて、さらに英語で授業を受けられる、という当該学部は、学歴、将来性、期待度の全てにおいて、輝いて見えるのである。

総じて、ＥＭＩ実施学部の卒業生が当該学部を志望した理由には、〈英語に対する肯定的な姿勢〉が見られた。この〈英語に対する肯定的な姿勢〉とは、英語そのものに対する興味や関心の高さ、魅力を感じて捉えている姿勢である。

〈英語に対する肯定的な姿勢〉がＥＭＩ実施学部の卒業生に生まれた背景には、高校生活以前での、英語・海外に興味を持つ環境があった。

2. 英語・海外に興味を持つ環境——英語に対する肯定的な姿勢の芽生え

のぞむは、もともと英語は苦手だったそうだが、中学生のときにＫ－ＰＯＰにはまり、勉強したら成績が上がったことで、英語が得意になったそうだ。

のぞむ：中2のときは、それこそ（Ｋ－ＰＯＰに）はまる前は、英語はまじでできなかった。

筆者：どうしてできるようになったの？

のぞむ：やっぱり韓国、つまり海外、に行くのであれば、英語は必須でしょうと思って、勉強したら成績、けっこう上がったから。確かに英語も好きになった、それで。

憧れの存在に近づきたいという気持ちと、成績が上がったという肯定的な事実が、のぞむに「英語が好き」という感情を生ませたのである。

あすかは帰国子女ではないが「母親が英語をしゃべる」家庭であった。あすかの母親はアメリカの4年制大学を卒業し、アメリカで仕事をしていたそうだ。

あすか：私なんかちっちゃいときからすごい親の影響で、海外に行くことが多くてね。家でも母親が英語しゃべれるから、家でもなんか、日本語と英語どっちも話す家みたいな感じで育ってきたから、英語はできたんだよね。

筆者：英語と日本語が混じっているっていうのは、どんな感じ？　単語が英語とか？

あすか：会話が、私は全然英語でしゃべらないけど、恥ずかしいから（笑）、でも、もうそれこそ日常から、ご飯できたよとか、何時に帰ってくるのだとか。もうなんか、本当にそういう日常生活でありふれた会話は、けっこう英語だった。

あすかは〈家庭内の英語環境〉が必然的に海外・英語への興味につながった。

じゅんは、英語を学び始めたのは中学からだったそうだが、もともと英文学が好きだったことあり、イギリスに留学してみたいと考えるようになった。海外に興味を持ったじゅんを目にしたじゅんの母親が、住んでいた市が開催するアメリカの姉妹都市でのホームステイを勧めたそうだ。

じゅん：何か市の広報紙に載ってて、母親が私がイギリスへ行きたいとか知ってたから、イギリスとまではいかないけど、とりあえずアメリカで手を打ちませんかって言って広報紙を持ってきて。「アメリカかあ」と思ったけど、行くだけ行くかと思って行ったら、はまったよね。

じゅんはアメリカでのホームステイをきっかけに、さらに海外へ興味を膨らませていく。

じゅん：学校は好きじゃないタイプのね、人間だったので、ずっと。なんか、どうにかしてそのつまらなくて嫌な学校から逃げるかって考えたときに、（中学に英語の）ネイティブの先生がサポートで来てくれてて、その人たちと仲良くなったんだよね、たまたま。仲良くしてるうちに、なんか「2週間ぐらいアメリカ行かないか」ってなって、アメリカ行って。それで、やっぱ日本って狭いんだなと思って。（中略）（日本は）何か厳しいというか自由度が低いというか、相互監視社会だなと思ったというか。アメリカに行って、そういうところが何か浮き彫りになっちゃった感じかな。で、ますます学校が嫌になって、ますますそのネイティブの先生とかとお話ししてて。その状態でさ、高校受験をしてるからさ、高校はだから、なるべく自由そうで、できれば英語の何か関連があって（中略）（そういうような）高校に行こうと思って。

じゅんの場合は〈学校が嫌い〉という気持ちと、当時、中学校に英語の授業のサポートに来ていた外国人の先生と話すという〈外国人と接する経験〉が合わさり、もともとあった海外・英語への興味をさらに膨らませたのである。

帰国子女であるみずきはもちろんのこと、全員が共通して海外・英語に触れる環境下にいて、そのような環境が自然と、海外、そして英語への興味を抱かせたのである。

3．英語が得意だった——英語による他者からの承認

上記のような環境があったからか、ＥＭＩ実施学部の卒業生全員が共通して、〈英語が得

意〉だったと述べている。

みずき：英語の授業で無双してた。

みずき：私中3かな？　のときに英検1級とってるんだけど、そのときに、（受検会場で）周りがまあ大人ばっかりだったのよ。（それで）人よりやっぱ英語できるんだなって思ったりとか。

のぞむ：勉強したら成績、けっこう上がったから。確かに英語も好きになった、それで。

あすか：何か私すごい、中高まではすごい、もうとんでもなくレべち（レベル違い）で英語ができる人だったんだよね。学校の中では。無敵だった、英語に関しては。

じゅん：（もとから地域の中では）別にあんまり馬鹿な方じゃなかったけど。アメリカ行ってから、なんか英語楽しいって。中学の3年生とかは、クラスで一番英語ができる子みたいな扱いだった。そこでかな。いったん、周りと比較したとき、英語できるな、とは思ったね。

これらの語りから見るに、彼らは英語によって他者から承認されていたのだといえる。「無双していた」「無敵だった」「クラスで一番英語ができる」といった言葉からも分かるように、他の生徒や教師、親から「英語ができる人」として認められ、ときには羨望《せんぼう》の眼差しを向けられ、自己の中でも「英語ができる自分」を確立していった。

4．窮屈な学校生活――学校生活への不満

語りからは、高校以前の学校で、勉強面・学校生活に不満を持っていたという面が現れた。英語の授業について、みずきとじゅんはそれぞれ以下のように語っている。

筆者：英語の授業とか、全然良くないなとか思ってた？

みずき：うん。良くないよ、（中略）やってることとか、単語のレベルとかは高かったと思うよ、普通に。けど、レベル上がったなって思ったのは正直高3ぐらいから、だった。受験に向けて、みんながワーッて勉強し出すじゃん。あのときから、やっぱり、うちの学校

進学校だったから、どうしても何か、それこそ東大の過去問やります、京大の過去問やります、どこどこ大学医学部の過去問やります、で、レベルの高いことが求められてたから、そういうのをやってて、「あ、やっと追いついてきたな」とは。その、（自分が）もともと持ってるキャパシティぐらいに。

じゅん：勉強の仕方って人それぞれだと思うんですけど。なんか英語の勉強のさせ方がさ、いわゆる詰め込み型なのには、「ん？」って思ってた。（中略）何か、その英単語を対比で読んで覚えていくようなやつを繰り返しやってくの、つまり暗記。でも結局さ、文章で使わないと覚えないって思ってたから。個人的には、それ無駄だなって思ったり。言葉の意味って、それだけじゃないじゃん。『広辞苑』開いたって、あんなに意味あるのに、なんか1個しか覚えないのはどうなんって思ったり。

英語が得意であった彼らにとっては、学校での英語の授業は物足りないものであったようだ。

学校生活の面では〈高校は辞めたかった〉〈高校生活は嫌い〉〈授業はつまらない〉という

回答があった。じゅんは、高校生活の3年間は、総じて窮屈《きゅうくつ》であったと語った。

筆者：高校は総じてどうだった？　3年間は。

じゅん：嫌いだったね、やっぱり「学校はちげぇ」と思った。けど、別になんかたぶん、いろいろ言われるのが嫌なんだよね、（中略）何かそういうその一つ一つの、何だろう、合理的じゃない部分、とても嫌だったね。私、なんだろう、それに対して「そんなことも分からないの？」「当たり前でしょ？」「常識でしょ？」っていう言葉で片付けようとするのがとても嫌だった。だから学校は好きじゃなかった。

もっとレベルの高い英語の勉強をしたいという思いや、ルールに縛られたくないという思いが、ＥＭＩ実施学部という選択肢につながったのだろう。

海外・英語に触れ、興味を持つ環境にいたことで、英語が得意になり、留学や、自由な校風への憧れ、そして当該学部を受験することにつながったのである。

5. 入学前のまとめ

ＥＭＩ実施学部入学以前の彼らには、欧米文化への期待と、英語ができることによる他者からと自己、両方からの承認があった。彼らが生活していた環境が、海外・英語に対する興味と、英語に対する肯定的な姿勢を生んだ。そこから出現した、英語が得意だという事実と自信が、他者、そして自己からの承認につながっている。

この他者と自己からの英語による承認と、当時抱えていた学校生活への不満とが合わさって、リベラルアーツで何でもできる、そして英語を使って勉強する当該学部への憧れが膨らんでいった。期待、不満、承認、憧れが統合した結果が、ＥＭＩ実施学部の選択につながったのである。

(2) 入学後――英語ヒエラルキーの世界での苦悩

1. 英語環境の過酷さ――英語による承認の崩壊

ＥＭＩ実施学部に対する期待と、英語能力に対する自信を持って入学した彼らであったが、実際に入学した後の振り返りでは、〈英語で苦労した〉〈英語が分からない〉〈授業が理解できない〉といった言葉によって、英語環境の過酷さが語られている。
帰国子女ではなく、入学以前の海外経験もない、のぞむ、あすか、じゅんは、言語の壁に突き当たっていた。

のぞむ：やっぱ最初「純ジャパ」（「純ジャパニーズ」の略。外国語、主に英語が流暢《りゅうちょう》に話せるようになるほどの長期の海外滞在経験のない日本人のことを自嘲的にこう呼ぶ）だからさあ、めっちゃ英語で苦労したよね。めっちゃ嫌だったな。

筆者：具体的には？

のぞむ：まず授業、何言ってるか全然分からないし。テストの点とかで、（友達の）韓国や他の国の子がもうほぼ英語ネイティブで、テストの点とかでもマウントとってきて、めっちゃ嫌だったそれが。

のぞむ：私、6月ぐらいに転部しようと思って調べたもん、そういえば。英語ついていけなさすぎて。〇〇（先生）で、本当にあの人の英語が分からなかった。一から十まで分かんなくて。一言も聞き取れなくて。それでめちゃくちゃ絶望したんだ。

のぞむ：エッセイ2回出したんだけど、1回目のエッセイで、私、「ちゃんと書いてください」みたいなコメントつけられて、“Your essay is annoying（いらだたせる、迷惑だ）”みたいなこと書かれて、ちゃんと調べてから来てくださいってこともめっちゃ書かれて、心すごい折れて。

のぞむにとって、当該学部の環境は、転部を検討するほど過酷だった。全く分からない授業での先生からの率直なコメントが追い打ちとなり、精神的に追い詰められてしまった。

一方で、あすかは、必修の授業のクラス分けテストで良い点数を取ってしまったため、全く事前知識がないのに、中級レベルからの授業になった。

あすか：ライティングの授業、（レベル）1、2、3って書いてあるじゃん。けど、私は純ジャパなのに2にぶち込まれたんだよね（笑）。で、全然知らないからさ。ライティング初めて行くじゃん。行ったら、私以外全員帰国子女。地獄で。（その授業で隣になった人が）その子ね、すごいいい子で、今でもすごく仲いいし、そこで分かんないとことかを全部訳して、教えてもらって、何とか乗り切って。でももうライティングが辛すぎて。何言ってるのか分かんなくて。

あすか：（別の授業の）先生に、「私、ライティング2にいる、今」みたいな。「めっちゃ辛いんだけど、何言ってるか全然分からん」って言ったら、事務局に言ってくれて。（中略）もうね（ライティングの授業に）毎週行きたくないと思った。月曜日にあったんだけど。嫌だった。（相談した先生に）すごくよくしてもらって。全然何言ってるか分からない、しゃべれないいって相談したら、じゃあ自分（相談した先生）がけっこう（立場が）偉いからと言って、話をつけてくれて、助けられました。

あすかの場合、手助けしてくれる友人や相談に乗ってくれた先生がいたため、何とか日々を乗り越えたが、授業に出たくないと思うほど辛かったそうだ。じゅんは英語が聞き取れないため、自分が何をしているかも分からなかった。

じゅん：最初、全然英語が聞き取れない。その先生たちのしゃべってる英語とか、帰国子女の子が話してるのも全然聞き取れないから、何か授業についていけているのかも分かんない。なんか、今、自分がどこに立ってて、何をしてるのかも分かんない、みたいなのはあった。

じゅん：その授業（一番最初のセミナー）がたぶん一番やばかったね。何言ってるか分かんなかった。で、読んできてって言われて渡されたＡ４の紙も膨大で、毎回。たぶん膨大って言ってもね、５ページぐらいなんだよ、Ａ４の紙が５ページの、英語のさ、英文が。でも５ページってさあ、膨大じゃん、当時の私たちからしたら。
　しかも何だろう、なじみが全くない分野の５ページだったから、毎回、毎回、辛くてね。何かプレゼンやんなきゃいけない上に、レポートも書かなきゃで。プレゼンはとりあえずもうたぶんダメダメだったけど乗り切って、何とかして、２人で一つ、やるやつだったから、その相方と一緒に頑張って。レポートはライティングセンターに通い詰めた。

前節で記述したように、のぞむ、あすか、じゅんの３人とも、高校生まで〈英語が得意だった〉と言っていた。しかし、ＥＭＩでの英語に支配された環境は、どんなに英語が得意であっても、帰国子女ではなく、留学経験もない日本人学生にとっては、過酷な環境であるということがうかがえる。

また、のぞむ、あすか、じゅんは、〈良い成績を収めなければならないというプレッシャー〉があったとも語っている。

のぞむ：1学期目って、留学に行けるかが決まるからさ、良い成績を取らなきゃいけないじゃん。それもプレッシャーだったな。

当該学部では、1年間の留学が卒業条件の一つであるが、希望する留学先に行けるかどうかは、1年生の1学期の成績が大きく関わってくるため、少しでも良い成績を取らないといけないというプレッシャーがかかっているのである。

2．帰国子女・留学生との関わり――カルチャーショックと動揺

当該学部には、多くの帰国子女・留学生が在籍している。高校まで日本の学校に通っていた日本人学生にとっては、今まで関わりのあまりなかった帰国子女・留学生に、初めて直面することになる。それが大きなカルチャーショックを与えることにもなるようだ。

あすか：私なんか、その、入ってみてっていうか、指定校（推薦）の試験が、面接と、何か英語の作文みたいなのだったのね。面接会場に行ったら、20人ぐらいかなあ、いたの。指

定校面接待ちの人たちが。すごいみんな陽キャ（「陽気なキャラクター」の略。性格が明るく、人づきあいが得意で活発な人の意）だった。何か、行った瞬間に、みんなテンション！（高い）みたいな。怖（こわ）！みたいな。面接終わって、部屋戻るじゃん。「おつかれー！」みたいな（声をかけられた）。……（驚いた）ってなっちゃって。で、指定校だから、もう相当なことしなきゃ落ちないじゃん。でも、なんか私、友達できるかな、ここでって、自分と違う人すぎて、みんな。私ここで友達できるかなって思って、すごい不安だった。で、高校に戻って、「面接どうだった？」って（聞かれた）ときに、「私、絶対友達できない」って言ったのを、今でもすごく覚えてて。

あすか：○○（当該学部）に入って、何か自分と全然違う人種（＊本当の意味の人種ではない、念のため）しかいなくて、戸惑ったことも大きかった。それこそ、留学生もいるし、帰国子女もいるし、なんかただの海外かぶれみたいなのもいるし。帰国子女が怖かった。ディスカッションとかでも、何、どう思うって言われて、どうも思わないじゃんって。なんかそういうの怖かったかも。英語もまだそのときにしゃべれないしさ。怖かったな。

あすかは、入学前の試験で出会った帰国子女の学生たちが、自分と全く違う性格の人ばかりに見えて、かなり動揺したそうだ。そのときの衝撃は、大学生活で友人が一人もできないのではないかと不安を覚えるほどだったという。その動揺は入学後も続き、帰国子女や留学生との違いが〈怖かった〉と振り返っている。

じゅんは、入学前に想像していた当該学部の姿と、現実が違ったようだ。

筆者：留学もできるし、リベラルアーツだし、英語に特化してるし、っていうのが理想だったわけだけど、○○（当該学部）は理想の条件に当てはまる学部でしょ？　実際に入ってみて、どんなふうに思った？

じゅん：何か、その条件には確かに合ってるって思ったんだけど、唯一の見落としてた部分が、パリピ（「パーリーピーポー（パーティー・ピープル）」の略。人が多く集まる場所に行って皆で盛り上がることを好む人の意）が多いみたいな。陽キャとパリピの集団。これはね、何だろう。説明会とか聞いたって分からない、その要素。かつ、年代によってもたぶん違うし。でも往々にして陽キャとパリピの集団。

筆者：知らなかったんだ。

じゅん：そう、私、その話、知らなかった。なんかそこがさ、やっぱりつながってなかった、かな。英語ができる、というのが、イコールアメリカ的な、ああいうテンションの高さ、ポップな感じ、だとは知らなかったから。

じゅん：（帰国子女の学生は）なんかこなれ感があるっていう。何かそういうのも怖いなと思った。何か一緒にこなれていくなら、それこそ何か同調的にね、こなれていくんだったら生きていけると思う。でも、もうこなれてるやつと、まだこなれてないやつと、（一緒にされる）ってなってくと、なんか、「え、ムズ」、「こいつらと友達にはなれねぇ」ってなって、そこが一番怯（おび）えた。

じゅんもあすかと同様に、帰国子女の学生との性格の違いに困惑していた。高校までは英語を、テストや評価の一部として真面目に勉強していたじゅんにとって、帰国子女の学生に直面した際のカルチャーショックは計り知れないものだった。じゅんもあすか同様、恐怖を口にしている。

総じて、あすかやじゅんにとって、帰国子女や留学生は得体の知れないものであった。

3．学生間の英語ヒエラルキー——英語能力による階層付けの圧力

上記の語りから現れた、単純に〈英語が分からない〉という辛さや、カルチャーショックに直面したことだけではなく、英語ができる・できないによる学生間の言語ヒエラルキーが、当該学部の過酷さを助長しているようであった。

のぞむ：やっぱり純ジャパとそうでない人の、何か格差は感じた。
筆者：どういうところで感じた？
のぞむ：なんだろう、でも、何かやっぱり、授業に全然ついていけてるかも違うし、留学経験者とか、帰国生の方が、全体的にみんな堂々としててまぶしかった。
筆者：なんかヒエラルキーみたいなのがあったね。
のぞむ：あったね。本当にあったと思う。

のぞむは学生間の〈ヒエラルキー〉をはっきりと感じていた。のぞむ以外のＥＭＩ実施学部の卒業生も、同じようにヒエラルキーを感じている。

じゅんは授業の選択にも、英語能力による暗黙の了解があったという。

じゅん：プレゼンの授業、英語でプレゼンするみたいな授業があった。たぶん、上級の英語の人たちが取るやつ。（中略）もう英語の能力が、振り切れてる人たちが取るやつじゃん。だから取っちゃいけないじゃん。暗黙の了解。

のぞむ、あすか、じゅんは、はっきりと、当該学部における言語ヒエラルキーを、そして自身がどこに位置しているかを感じていた。上位階層の学生に対して羨ましいと感じると同時に、自身の〈無力感〉を感じざるを得なかった。

もともとは英語に自信のあった学生であっても、言語能力の壁、カルチャーショック、そして英語能力による明確な言語ヒエラルキーに埋め込まれ、どんどん自分に自信を失っていくのである。そしてそれは劣等感へとつながっていく。

4．劣等感――他者への羨望と自己不信

語りの中で、のぞむ、あすか、じゅんは、在学中は〈劣等感〉を常に感じていたと口々に言った。

のぞむ：テストの点とかで、（友達の）韓国や他の国の子が、もうほぼ英語ネイティブで、テストの点とかでもマウントとってきて、めっちゃ嫌だったそれが。

のぞむ：留学経験者とか、帰国生の方が、全体的にみんな堂々としててまぶしかった。

のぞむ：あれは何か、自分でダメだダメだって思っちゃうのもあれなんだけど、やっぱ思っちゃうよね。

あすか：何か私すごい、中高まではすごい、もうとんでもなくレべちで英語ができる人だったんだよね。学校の中では。無敵だった、英語に関しては。なんだけど、大学に行ったらさ、もうなんか、自分なんかよりも帰国子女の方が全然できるじゃん、全然違うんだ、レベルがって思って、そこで自信を失った。

筆者：上がいすぎて？

あすか：そうそうそう、なんか自分を、狭い世界の中でトップだったけど、大きな世界にいたら全然じゃん、って思って、もう自分、全然できないんだって思っちゃって。そう。自信なくなっちゃった。

じゅん：帰国子女の子とか、なんていうんだろう、帰国子女の子とかだと、日本のスタイルで勉強してきてないじゃん。日本のスタイルの学校に行ってるわけじゃないから。だから何だろう、もうすでに完成形じゃん。何だろうな、もうオシャレ、もうかわいいとか、もう大人っぽいとか、そういう感じ。

じゅん：後から振り返れば、何だろう。なんていうの、（じゅんは）変わってるふう？（中略）その入学当初は、（帰国子女に対抗して）尖《とが》って、自分のプライドを保つみたいな感じだった。

筆者：何か勉強してても勉強してても追いつけないな、みたいなのはあった？

じゅん：ありまくりだよ。まずプレゼンの能力、あの学部、プレゼン多いじゃん。プレゼンなんてほぼやってこなかったので。公立の学校はそんなことに時間割かないから。受験に対してばっかりの勉強で。

でも帰国子女の子とかはさ、やっぱりプレゼンベースでやってきたりしてるから、慣れてる。それもまたこなれ感の話ですけど。こなれてんのよ、プレゼン一つとっても。上手いのよ、キャッチーで面白いしね。自分、こんなにできないって思って。かといって、何か

> これ、どの方向にどうやって努力したらいいのかも分からない。何かそういう授業をとってみてもよかったのかもしれないけど、そういう授業があるってことさえ知らなかった。

のぞむ、あすか、じゅんは、帰国子女や留学生、自分より英語ができる人と自身を比べ、「自分は英語ができないのだ」と負の自覚をして引け目を感じてしまう。一度、自己承認を壊してしまえば、どんどん自信をなくしていく。以前は英語に自信があった彼らにとって、その落差は相当なものであっただろう。

元田（２００５）は、劣等感を「単に他者と比べて自分の弱点を確認するだけでなく、自分の方が劣っているという事実に何らかの主観的価値を加えた感情である」（Ｐ22）と説明している。

人が社会生活を送っていくには、自身の能力を把握し、自分には何ができるのかを知る必要があり、その自身の能力を把握するために、他者と自己を比較する。そして、その比較には「自分の能力や意見に近い人との比較が最も正確な自己評価につながると考えられ」（元田、２００５：22）ているため、「自身と類似した他者」（元田、２００５：22）を無意識的に選んでいる。

この自己評価には、主観的な意見が絡んでおり、「自己認識が統合されていない」または「自尊感情の低い人」は、他者と自身を比較して、自身を「否定的に評価する傾向がある」（元田、２００５：22）という。

ＥＭＩ実施学部は、同年代かつ趣味嗜好《しこう》が似通《にかよ》った学生が集まる環境である。10代後半から20代前半にかけて、自己認識が安定していて、自尊感情が高い人はそう多くないはずだ。このような状況で、英語による言語ヒエラルキーが明確に存在していれば、劣等感を抱いてしまうのは無理もないだろう。

高校までを日本の学校で過ごした彼らが、英語環境での辛さや戸惑い、劣等感などを語る一方で、帰国子女であるみずきは、全く異なった振り返りを語っていた。

みずき：○○（当該学部）に入って正解だと思った。入った後は、もう仲いい友達もすぐにできたし、なんかなんだか似たようなバックグラウンドの人が多かったから、話が合うなみたいな。みんな自立してたし、ちゃんとしてたしね、しっかり自分の考え持ってて素敵だなと。

みずき：幼少期に、やっぱり人格形成期にアメリカに行ってたことで、もうアメリカナイズされた部分はもちろんあると思うのね。だから、やっぱりその、中学校で（日本に）帰ってきたときも、他とは違ってたし、高校に入っても、まあ人とは違うなって思ってたから、大学入って、やっとその「違ってもいい」っていうことを受け入れられた気はした。

のぞむ、あすか、じゅんは、入学当初、帰国子女の学生との間にカルチャーショックを感じ、戸惑いを覚えたが、帰国子女であるみずきにとっては、自分を受け入れてくれる温かな場所であった。さらに、多くの日本人学生が英語の壁によって苦労を強いられていたが、みずきは特に言語で困ったことはなかったようだ。

筆者：授業はどういう印象？

みずき：全然難しくない、普通だよ、ちょうどいい、ちょうどいいぐらい。

みずきはAmerican politics（アメリカ政治）の授業について次のように話している。この授業は、当時、多くの日本人学生が苦戦していた授業である。

筆者：難しかった？

みずき：全然。趣味でけっこうその、パラパラ（っとした）イメージとかだけど好きだったから。あとポッドキャストとかたまに聴いてたのよ、当時。その内容を授業でされても、いいやもう、それ知ってるし、みたいなぐらいのことだったのよね。

筆者：事前知識があった？

みずき：そうそうそう。だからなんか、アメポリ（American politics の授業の略）って結局はさ、アメリカの政治系のやつを扱うじゃん。ってことは、その前ぐらいから知ってないとついていけないいじゃん。元々。

だってオバマケアがどういう経緯で導入されたかとか、何でこんなに大きい問題になってるのかとかさ。たぶん、アメリカとかにいないと分かんないじゃん。向こうに住んでたからこそ、そこは何か、なんとなく知ってたし、もうちょうどなんか、オバマが大統領選やってるときとかもいたから。分かるし、っていう感じ。

言語の壁がなく、かつ、バックグラウンドによる事前知識があったため、障壁はなかったという。事前知識の有無は、授業の理解度に大きく影響していた。

じゅんは高校が外国語科だったため、英語科目の時間が多く、政治経済や倫理の授業は受けていないという。その影響について、じゅんは次のように話している。

筆者：倫理とか政経とか、（高校の授業で）やらなかった影響はあった？
じゅん：あったよ、大学入ってから。あったよ。倫理とかさ（高校の授業でやらなかった影響が）。これはでも、選んだ学部によっては、影響はなかった人ももちろんいると思うけど、自分の場合は、（大学で）哲学系（の授業）とか取ってたから。（高校のときに倫理の授業で扱うはずだった）哲学、なにもやったことないのに、「知ってるでしょ？」っていう体（てい）で、倫理はやったってこと（前提）で話が進むから。その（大学の授業で登場する哲学者の名前が）「誰も分かんないんだけど？」みたいな。

じゅんは、事前知識の全くない状態で受ける英語の講義は、かなり苦痛だったと語った。じゅんのように、授業が全く理解できないという場合もあれば、英語力が足りないと判断したり、事前知識が全くないことを勘案して、そもそも自ら、授業の選択肢の幅を狭めることもある。

一方の、帰国子女であるみずきの語りから分かることは、言語の壁がなかったため、自分の興味のある授業を、自分の英語能力と照らし合わせて断念するということはなかったということだ。当該学部の環境が、どれだけ英語に支配されているかが分かる。

このように、ＥＭＩ実施学部の環境では、英語ができる人とできない人との差がはっきりしており、その明確な能力の差を日々感じることで、英語ができないと感じている人の劣等感が強まっていく。入学当初に保持していた自信はどこかに消えてしまうのである。

5．入学後のまとめ

期待を持って入学したＥＭＩ実施学部での日々は、英語環境の過酷さや、初めて直面するカルチャーショックで、想像とは異なるものとなった。もともと欧米文化に憧れがあり、英語が得意だった彼らにとって、その落差は激しく、自己承認は崩壊していく。

一方で帰国子女の学生は、ＥＭＩ実施学部を居心地良く感じ、授業においても学生生活を謳歌していた。

そんな英語能力の明確な階層付けとその圧力が、日本人学生にとって、他者への羨望を生み、さらに、劣等感、自己不信へとつながっていくのである。

（3）留学——言語の苦労と視野の変化

1．留学先の選定——英語への一途な想いと諦め

それぞれの留学先の選択には、英語に対する考え方が関わっているようであった。帰国子女であるみずきはアメリカに留学。あすかもオーストラリアと、英語圏に留学した。一方で、のぞむはフランス、じゅんはフィンランドと、非英語圏に留学している。英語圏に留学したみずきとあすかは、それぞれ留学先を選んだ理由を、みずきは〈英語が話せるから英語圏に行きたい〉、あすかは〈英語を勉強したい〉〈英語に自信がない〉と語っていた。

みずきは、留学先の選択について、

みずき：アメリカが好きだったから。第二の家みたいな感じだしね。

と語っていた。みずきには、自分のバックグラウンドのある地域に帰りたい、もう一度行

きたいという意識があった。また、英語の能力が高いみずきにとって、日本語と英語以外の言語は受け入れられない——つまり聞き取れないことに耐えられないため、非英語圏に行く選択肢はなかったという。

一方で、同じく英語圏を選んだあすかには〈英語を勉強したい〉という気持ちがあったという。

あすか：私なんか、そんなに英語に自信なかったから、最初に、語学学校にちょっと行って、（その後）現地の大学に行くプログラムがいいなって思ったの。

筆者：英語に自信がなかったっていうのは、何か理由があるの？

あすか：何か私すごい、中高まではすごい、もうとんでもなくレベちで英語ができる人だったんだよね。学校の中では。無敵だった、英語に関しては。なんだけど、大学に行ったらさ、もうなんか、自分なんかよりも帰国子女のほうが全然できるじゃん、全然違うんだ、レベルがって思って、そこで自信を失った。

筆者：英語を勉強したいっていう理由が強かったんだね。

あすか：そうだね。英語をやっていたかった、やっぱり。

あすかが〈英語を勉強したい〉と考え、英語圏を留学先に選んだその理由は、〈英語に自信がない〉からで、前述した大学生活で感じた周囲への劣等感が、英語への自信のなさにつながっていた。

非英語圏に留学したのぞむとじゅんの場合は、留学先を選んだ理由の一つとして、語りからは〈英語に対する諦め〉が読み取れた。

筆者：けっこう多くの人がさ、留学して英語を勉強したいからって英語圏に行くじゃん。そういうふうには思わなかったの？

のぞむ：思わなかったね。なんか英語はさ、私はけっこう頑張ったから、なんか、たぶん英語圏に行ったところで劇的に伸びると思えなかったし、これ以上、上に行けるって思えなかった。1年程度（の留学）で。だし、別になんか英語そんなに勉強したいって気分じゃなかった。もう英語いいやって感じ（笑）。なんか全然ついていけなかったくせにあれなんだけど、もう英語いいやって。

筆者：満足したのか、もうやりたくないな、だったのか。

のぞむ：でも、やりたくないの方だったかな。諦め？（笑）。もういいや、やったし、みたいな。

筆者：そうだよね。なんかもう、分かんないとこにもう1回行くのやだなってなるよね。分かんないなら他の分かんない言語に行こうかなってなるよね。

のぞむ：そうそうそうそう。それなら新しい言語をやるかっていう。

のぞむは英語が辛いという経験を、もう一度したくはないと思ったようだった。

じゅんは〈TOEFLの要件が留学の障壁〉だったと語る。

じゅん：最初、カナダに行きたかったんだよね、ブリティッシュコロンビアとかに行きたくて。でもそこって、馬鹿高いの、要件が。TOEFLの。取れなくて。無理だって。

〈英語に対する諦め〉には、「自分は英語ができない人だ」という否定的な意識が働いているように思えた。当該学部で生み出された劣等感は、多少なりとも影響しているのではないだろうか。

言語的な要因以外のものは、留学費用の問題や、個人的な興味であった。留学費用の問題について、あすかとじゅんは次のように語っている。本当は、あすかはアメリカ、じゅんはカナダかイギリスに行きたかったらしい。

あすか：最初に、語学学校にちょっと行って、（その後）現地の大学に行くプログラムがいいなって思ったの。でも、アメリカはそれの学費がもうめっちゃ高くって。行けないじゃん。無理って思って。

じゅん：（留学先は）イギリスも考えて。生活費とか、寮の費用を全部ひっくるめて書いてあったの、参考に。馬鹿高すぎてダメで。ダメっていうか、親に相談する前にやめた。イギリスはちょっと出せないと思った。なんか、出してほしいとお願いするのもおこがましいぐらいだったから、だから無理だと思って。やめて。

行きたい地域や興味のある分野の講義を設けている大学を希望していたとしても、留学費用が大きな壁となり、出願すらできないということもある。

総じて、様々な問題や条件が絡み合って留学先を選択するが、〈好きな場所に留学できる人はほんの一握り〉なのである。

2．留学先での出来事——不承認再びと、価値観の変化

帰国子女であるみずきは、言語の面では特に苦労しなかったそうだが、のぞむ、あすか、じゅんは、〈留学中も言語は辛かった〉という。非英語圏に留学したのぞむ、じゅんとも、留学先の大学での授業は英語で行なわれていた。

のぞむは次のように振り返る。

筆者：留学中の英語は理解できた？

のぞむ：でもね、分かんなかった。だけど、先生は、ほぼ100パー（セント）、フランス人の先生だから。だから向こうも（英語）ネイティブじゃないし。うん、ちょっとゆっくりだったりして。それもあったし。でも、1個めっちゃ難しい授業があって、その人（先生）は、そうだ、英語ネイティブで、最初何言ってるか全然分からなかった。でも何とか頑張って食らいついた。授業の内容がめちゃめちゃ面白かった。

のぞむの場合、言語的に辛かったと言いつつも、英語のネイティブスピーカーの先生が少なかったこと、そして興味がある授業に対して必死に努力したことで、留学を乗り切っていた。のぞむの努力の賜物《たまもの》である。

あすかは、言語の苦労の前に、大学入学前の環境が辛かったそうだ。あすかは、オーストラリアの現地大学で授業を受ける前に、しばらくの間、語学学校に通うというプログラムに参加していた。語学学校を卒業しないと大学には進めなかったという。

あすか：クラスが15人ぐらいいたんだけど、３人以外は全員中国人。その語学学校は、入ったら英語しかしゃべっちゃダメ、みたいなルールだったんだけどさ、そんなもう中国人中国語しゃべるに決まってるじゃん。すごいマイノリティ側にいたの。

ディスカッションしてとか言われても、もう中国語でしゃべられても分からんじゃん。ってなって、なんか、先生がいるときはさ、ちゃんと英語でさ、彼らもしゃべるんだけど、ちょっとでもさ、いなくなると、すぐ中国語をしゃべるから、私だけ何もできない、っていう状態で、すごい嫌だった。

で、私のそのクラス担任がベトナム人だった。ベトナム人だけど、なんかちっちゃいときからオーストラリアに移民として来ていて、なんかもう英語しかしゃべれませんみたいな人だったんだけど、めっちゃ日本人に差別的だったの、すごく。日本人は自分の意見をはっきり言わないから好きじゃない、みたいなことも言われてた。

　だから、面談とか、あったんだけど、そのときに、中国人が中国語ばっかりしゃべって、私全然分からないんですけどって、困るみたいな相談したら、なんか逆に、あなたが何かその立場だったらどうなんだって話をされて、何か日本人がいっぱいいる場所だったら、あなたもそうするでしょって言われたの。

筆者：せっかく語学の勉強してから大学に行こうと思ったのに、満足いく結果ではなかったってことだよね。英語力が上がったかどうかもよく分からず。

あすか：そう。不平等だなって思った。けど、大学に行ったら、その語学学校とは切り離されるから、（中略）（大学の）勉強はもちろん大変だったけど、大学の方がね、よかったなって。

あすかは〈英語を勉強したい〉という気持ちで英語圏であるオーストラリアに留学し、さらに語学学校が留学期間に含まれている学校を選択した。だが、実際に現地に行ってみると、英語の勉強以前の問題があったのである。

あすかは留学先の大学の授業では、〈授業についていけない〉ということを強く覚えていると語った。ここでは言語の問題があったようだ。

あすか：（大学の授業は）週の前半がただの講義、後半に１００人いるクラスを何グループかに10人ずつとかに分けて、さらにその講義内容を深めるディスカッションをするみたいな授業だった。で、けっこう授業も分からないみたいなことが基本だった。聞き取れないことがけっこう多くて。英語が分からなかった。訛《なま》りもあって、それに慣れてなかったというのもあった。

でも、週の後半のディスカッションでしゃべらないといけないじゃん。容赦《ようしゃ》ないよね。もう。しかも現地のオーストラリア人しかいなかった。なんか、すごい怖かったの、その時間が恐怖だった。しかもそのさ、10人いるクラスをさらに3つぐらいのグループに分けて、3人ずつ何か次の週末のプレゼン考えてきてって。本当に地獄だった。

英語もそんなベラベラしゃべれるわけじゃないから。まともにしゃべれない日本人が、みたいな感じだったの。行きたくないなって思いつつも、行かないと単位もらえないから、頑張って。で、プレゼンを考えるとか、何か隣の人と意見交換してとか、すごく嫌な苦手な時間だった。それが辛かったっていう記憶がね、大学は一番強くて。

あすかは授業が苦痛で仕方なかったそうだ。英語が分からなかったことが一番の要因ではあるが、それに加えて、現地の学生が多かったことから、英語が話せない日本人としてどんどん孤立していったことが、苦痛を助長させたようである。

じゅんも留学中の言語の苦痛を語っていた。

じゅん：（留学中の）勉強がね。全然、全然じゃないか、ほぼほぼ（授業を）取ってない、取ってないというか、取ったけど（授業に）行ってないっていう。

筆者：なんで行かなくなった？

じゅん：むっず（授業内容が難しい）って思ったから。なんかたぶん、心折れちゃった。むっずってなって、今までだったら「どうにかしなきゃ。ちょっと自分の知識だけじゃ足りないからそういうインプット頑張ろう」とか（していた）。でもたぶんそれは、日本語が通じるっていう環境が傍（かたわ）らにあって、（その中で）英語の側面を頑張らなきゃいけない二足の草鞋（わらじ）だったから。辛かったら日本語に戻れる。けど（留学中は）できない。完全に英語の環境になったときに、何か逃げ場がないじゃない。だから、たぶん辛くなっちゃった。ついていけない。

じゅん：勉強はだから、ほぼ行ってないのはそういう理由かな。圧倒されたっていう。行った授業もある。何だろう、1個行った授業で一番思ったのが、院生ばっかりで、アジア人が少ないから、自分の発言一つが、何かこう、「アジアってそうなんだ」のやつ。だってほか白人なんだもん。そのなんていうか、白人っていったって国は違うんだよ、ドイツ、フランス、アイスランド、スウェーデン、スペイン系はいなかったかな。辛いでしょ。あとはフィンランド人ももちろんいたけど。どうしたってさあ、その国の人はさ、もう文化圏がシェアされてるんだよね。

じゅんは、完全に英語だけの状況になったときに、環境に圧倒されて心が折れてしまったという。またアジア人が少ない環境だったため、自身の発言の一つ一つが、〈アジアの代表〉として捉えられてしまうことがプレッシャーだったようだ。〈理解されない文化の違い〉や

〈アジア人に対する無意識的な差別〉といったじゅんの発言からは、欧米人に対するコンプレックスが垣間見える。

とはいえ、環境や言語の面で苦戦したものの、全員が総じて〈楽しい留学だった〉と答えている。留学で得たものについて、あすかとじゅんはこのように語っていた。

あすか：何か、正直、留学1年行って英語できるようになったかっていわれたら、絶対変わってないと思ってて、日本にいるときと。思ってたんだけど、でも、ものの見方が変わったってすごい思ってて。なんか、何て言ったらいいんだろう。

もちろんその大学の授業とかさ、もう日本人が全然いないところだったの。全然いなくって。でもなんか、○○（当該学部）から（来た人）も、私入れて5、6人ぐらいいたんだよね。（5、6人）だけで本当に（日本人が）全然いなくって。留学中はみんなさ、取る授業もバラバラで。

あすか：何かたぶん、自分の何だろうな。視野が広くなったっていうのかな。だからたぶん、さっき話した、就活がバカバカしくなった、っていうか、日本に戻ったときに。留学してるときは、すごい自分の視野広くなったなとか、全然感じなかった。留学終わってよかったぐらいにしか思ってなかったんだけど、日本に帰ってきて、なんかその、ずっと日本にいた友達と、なんか話が合わなくなったというとあれだけど、考えが違うんだなって思わせられることが多くて。何かそういうときに、ちょっと何か考え方が変わったのかなって思って。就活もなんか、みんな当たり前のように受け入れてさ、当たり前のようにやってたけど、私はそれで何の意味があるんだってずっと思ってたし。何か日本に帰ってきて、すごい自分が狭い世界で生きてる気がした。っていうのが大きいかな。

あすかは、日本人がほとんどいない環境で生活したことで〈ものの見方が変わった〉という。様々な経験をして多様性を学んだということだろう。あすかは〈留学で視野が広くなった〉ことを肯定的に捉えている。

じゅんは〈留学はターニングポイント〉だったと振り返った。

じゅん：楽しかったよ。うん。なんか、人に興味がないんだよ、フィンランド人って。興味がない、ないわけじゃないと思うんだけど、日本と比べたときに、圧倒的に同調圧力が弱い。だからなんていうの、何か、たぶん日本だと、ちょっと奇をてらったことをすると視線を感じる。見られてるな、なんか変なことしたかな、みたいな。（フィンランドでは）ない、そういうの一切ない。視線向けるのうまいのかな、彼らは。たぶん見てないだけだと思う。うん、ただただ人に興味がないと思う。だからなんか、何したっていいのよ、法に触れなければ、っていう。包容力は、広く深い国だったな。

日本と比べて同調圧力が弱いフィンランドは、じゅんにとって居心地の良い空間であった。この空間でじゅんは、あすかと同じように、自由でいていいことを学んだ。

また、じゅんは、留学中に起こった様々な出来事を通して、自己と対話ができたようだった。民族やセクシュアリティ、多様性、自己のアイデンティティを深く考えるといった思考を巡らせる行為を繰り返すことで、じゅんにとって留学がよきターニングポイントになった。じゅんもまた、あすかと同じように視野が広がり、ものの見方が変わったのである。

3．留学のまとめ

留学先の選択には、英語に対する考え方が関わっていた。

英語圏を選ぶ理由は、英語能力を有しているから、または、英語能力を鍛えたいという理由で、英語に対する一途《いちず》な想いがあった。英語圏以外を選ぶ理由には、英語をもう勉強したくないという諦めがあった。この意識には、他者と比べて英語能力が低いという否定的な自己意識が働いていた。

留学中は、帰国子女でない学生は、言語面で再び苦労していた。努力で補える面もあれば、自身の英語能力の低さに直面したり、慣れない環境で他者と交わることができない孤独感を抱くなど、再び承認の不足に陥る。

そんな中でも、留学で経験した様々な出来事は彼らの視野を広げ、人生のターニングポイントとなるほどの良い経験として刻み込まれていた。

（4）大学生活の後半とＥＭＩ実施学部へのフィードバック ——得たものと失ったもの

1．大学生活の後半——英語環境への慣れと価値観の深化

留学後の授業について、ＥＭＩ実施学部の卒業生の語りでは、新型コロナウイルス感染症が流行し始めた時期でもあり、〈印象が薄い〉ようであったが、のぞむは次のように振り返

っていた。

のぞむ：やっぱりちょっと英語ついていけるようになったなって思ったし、何かいい意味で力の抜き方を覚えたから、うん、何か、その授業って最初から最後までずっと理解してなくていいんだなっていうことに気づいたから（笑）。やっぱり自分の興味のある範囲が留学で分かったから、なんか授業もたぶん、けっこう自分の取りたいやつ取るようにして楽しかった。

のぞむは、留学で語学力が上がったこと、〈授業への構え方が変化〉したこと、そして自分の〈興味の範囲〉が確立したことで授業についていけるようになったという。つまり環境に慣れたのだといえるだろう。のぞむを含め、４人が留学後の授業について〈印象が薄い〉のは、当該学部の環境に慣れたことと、興味の範囲が明確になったことで「辛い」という経験をあまりしなかったためではないだろうか。

全員が、留学から帰ってきた大学生活の後半で印象深いこととして振り返っているのは、上級演習（ゼミ活動のこと。以下、ゼミと表記）の話であった。４人が所属していたゼミは、それぞれ日本語で行なわれており〈当該学部では、ゼミは日本語で行なわれる場合と英語で行なわれる場合がある〉、特にあすかは、〈ゼミが日本語だったことで深く学べた〉と振り返っていた。

あすか：英語でだったら、私、たぶんそんな深い話、もう、語学力的に無理だった。何か、言葉の、たぶん伝えたいことを、自分がなんかもやっとしか言えなかったんだよ、英語だったら。けど、日本語だったって（ことが）大きいと思う。言葉を選んで言えるじゃん。日本語だったから。楽しかった。いい時間でした。

英語に自信をなくしてしまったあすかにとっては、日本語で意見を交換できる場所が、心の拠《よ》り所になっていたのかもしれない。

あすかとじゅんは哲学系のゼミであったため、２人とも〈ゼミが大きなターニングポイント〉だったと語った。

あすか：けっこう何か、重いテーマとかあるじゃん。生と死とか。でも、そんなに付き合いが長くない人と、そんな深い話をする機会って全然ないじゃん。もうなんか分かんないけど、ゼミの人たちとはすごいペラペラしゃべれて。でもそういう話って、私、逆にゼミの人たちとしかしたことがなくて、今まで。普通、友達、ただのね、普通の友達と遊びに行って、そんな話する機会ないじゃん。ゼミの友達、だからそういう面ではけっこう特別かも。

筆者：ゼミに参加して、他のゼミ生と関わって、何か自分に変化はあった？

あすか：変わったと思う。加速したかも。狭い世界で加速しちゃって、なんか、うん。でもそういうのもあって、何か当たり前に、ありきたりな、レールの上を走るのが馬鹿らしくなったのかもしれない。大学を卒業して、まあまあいいとこに就職して、そこで長く長く働いてみたいなことに、価値を見出せなくなった。

なんか、それこそ留学前とかは、留学して帰国したら、就活頑張らなきゃ、せっかくこの大学に入ったし、いいとこに行かなきゃ、みたいにめっちゃ思ってたけど、なんかそういうのがもう、どうでもよくなった。自分にはそれは価値がないなって思った。

あすかはゼミに参加したことで〈価値観が大きく変化〉したという。

じゅんも、ゼミでの経験が自身にとって、とても大きかったという。

じゅん：本当、ターニングポイント。毎週、ターニングポイントもたらされてるみたいな感じだった。だからなんかゼミが大きすぎて、ゼミ以外のことをあまり覚えていないという現象。

じゅん：ゼミだね、帰ってきて一番印象に残ってるものなんですかって。だからそれをもうちょっと概念的にするんだったら、考えること、ゼミのみならず。帰ってきて、その留学でターニングポイントを経て、なんかいろいろ突っかかる、なんかいろいろその、自分がこう生きて前に進むと風にあたって、全部何か拾っちゃう。なんかくっつけちゃう。吸着テープだったんだ自分は、みたいな。なんかいちいち気になっちゃう。だから考えちゃう。

じゅんは現状に対して疑問を持つこと、思考する癖を身に付けた。あすか、じゅんは、思考を巡らせることで独自の価値観を深めていった。

2．ＥＭＩ実施学部に対する卒業生からの評価——自信と不安、それぞれにつながるもの

インタビューでは、ＥＭＩ実施学部の卒業生の、当該学部に対する評価を聞いた。まずは**当該学部に対する良い評価**を述べていく。

一番多く挙げられていた良い評価は、〈自由〉であることだった。当該学部は、国籍、ジェンダー、思想の全てにおいて、多種多様な人が在籍していて、それぞれの考え方を尊重し、それが受け入れられる環境である。

みずき：○○（当該学部）のメリットは、わりと自由なところだと思う。いろんな意味で。自分がどう考えるかも自由だし、それをどうアウトプットするかも自由だし、良くも悪くもすごいいろんな自由を与えられてるなと思う。あと、何かそういう自由な人が多いから、何かいろんな感性に触れられるかなと思う。

のぞむ：○○（当該学部）でもなんかけっこうさ、いい意味で、その多様性もあるし、なんか他の人が何してってもいいじゃんみたいな、どうでもいいじゃん好きにしなよみたいな、あなたの人生だから気にしない、みたいな感じでけっこう浸透してると思う。

のぞむ：良かったところは、やっぱりいろんな人がいるところかも。もちろん国籍とかもそうだけど、そもそも何か自分が何人なのかよく分からないみたいな人も一定数いたじゃん。国籍は日本だけど生まれも育ちも中国で、逆に国籍中国だけど、ずっと日本とシンガポールにいたりしましたとか。何かそういう人がいたとき、最初はすごいびっくりしたし、何かいわゆる常識みたいなのにあまりとらわれない人もいるから、そういうとこがめっちゃ面白いとこだったなと。

あすか：良いところは、その何か、多様性というか、誰が何考えてても、その人の個性だなとして、いいと思うってみんなが受け入れたり認めたりしているところは、すごくいいなって思う。自分が自分でいていいんだって思えるようなところだったんじゃないかなと、卒業して、すごい思う。のが良いところ。

当該学部の学生は、自由な環境で様々な感性に触れることで、多様性を学ぶのである。自分が何をしても他人に干渉される必要はないし、他者が何をしていてもそれを受け入れるという姿勢が身に付いている。

次に挙がった良い評価は、〈思考する力がつく〉〈学びに対する意欲が育つ〉ことだった。じゅんは、授業は知識を得るきっかけになっていたという。

じゅん：きっかけと思ってたから、授業は。何て言うの、結局何か、大学のやり方ってさ、自分で考える力をつける、だと思ったのね。これは振り返ってそう思ったんだけど、１年のときは気付いてなかったんだけど。自分で考える。自分で学ぶ。だからたぶん、２年生になって、めちゃくちゃネット記事とか、いろんな人が書いてるブログとか漁《あさ》って、その興味関心、にちょっと知識をつけて、ってことをしてた。だからきっかけだなと思う、授業は。

じゅん：良いところは、浅く広く学べるから、結局、学びは自己学習が大きいと思ってる私みたいなタイプは、そのいろんなきっかけをつかめるのは良いところ。（中略）あと日々の会話。なんか「喧嘩してる？　その会話」っていうのは、実際、喧嘩じゃなくて議論じゃん、っていう、その、なんだろう、ちゃんとそういうのを切り分けて、考えられるようになるところ（が良いところ）。

じゅんは、授業をきっかけとして自分で考え、学びを深める癖をつけていった。

前述の「自由で多様性が学べる」という良い評価と関連するかもしれないが、自分と異なった人が多くいる環境であり、日々多様な意見がある中で議論を積み重ねていくことによって、それが思考を巡らせる機会になり、リベラルアーツ教育がきっかけになることで、学びに対する意欲が育つのである。

また、じゅんの発言にあるように、相手を批判することと、議論することを区別できるようになるということも、利点の一つではないだろうか。

のぞむは、当該学部の学生が、学びに対する意欲が高い姿勢から、〈エネルギッシュでモチベーションが高い〉と評価していた。当該学部は、常に上には上がいるという環境であり、頑張ること、努力することが当たり前の環境なのである。それが学習意欲が高いという状態に結びついているのだろう。

次に良い評価として、じゅんは、〈日本で異文化体験〉ができることを挙げていた。じゅんは、自身が留学先で英語だけの環境に圧倒された経験から、当該学部を含めＥＭＩ実施学部の良いところを以下のように振り返っている。

じゅん：（留学中に授業に行かなくなったのは）なんかたぶん、心折れちゃった。むっずってなって、今までだったら「どうにかしなきゃ。ちょっと自分の知識だけじゃ足りないからそういうインプット頑張ろう」とか（していた）。でもたぶんそれは、日本語が通じるっていう環境が傍らにあって、（その中で）英語の側面を頑張らなきゃいけない二足の草鞋だったから。辛かったら日本語に戻れる。けど（留学中は）できない。それマジで伝わらないから。完全に英語の環境になったときに、何か逃げ場がないじゃない。だから、たぶん辛くなっちゃった。

じゅん：日本語っていう、自分のバックグラウンド、日本っていう支えがありつつ、ちょっと背伸びして頑張れる。英語頑張らなきゃいけないし。あとはだからその文化、（当該学部は）もう異文化じゃん。日々異文化交流会。帰国子女（服装が）腹出てるし、すぐ髪の毛かき上げるし、寒いんだったら腹を覆《おお》えよって。なんかそういうちっちゃい日常のこともそうだし、そういう異文化交流的な部分は良いところだと思う。

じゅんの発言で重要なポイントは、「日本で」というところだ。完全に海外ではないが、海外的な思考、環境に触れつつ、日本で、そして日本語という逃げ場があることが、心理的負担の大きな軽減になるだろう。海外進出の第一歩としては、慣れるために良い場所でもある。

次に挙がった当該学部の良い評価は、〈毎日英語に触れられる〉〈多少なりとも英語力は伸びる〉という点であった。

しかし、これは客観的な評価である。事実として、ＥＭＩ実施学部での4年間を、前述したような英語に支配された環境で過ごし、日々努力をし続けなければならない状況であれば、英語能力は向上する。ＴＯＥＩＣや英語検定の成績は、一般的な日本人を超えるし、街中で外国人に道を聞かれても、何の苦もなくコミュニケーションをとることができる。

このようなＥＭＩ実施学部の在学生・卒業生を外から見れば、英語力が上がったと評価するのは当たり前だろう。しかしながら、当事者たちは、自身の経験から、英語力に対する自己評価はあまり芳しくない。この点については後述する。

次に、**当該学部に対する悪い評価**を述べていく。

一番多く挙がった当該学部に対する悪い評価は、〈内容が薄い〉〈学びが浅い〉というものだった。これはＥＭＩ実施学部の卒業生全員から出た意見である。

みずき：○○（当該学部）の授業、じつはそんなに印象に残ってなくて。
筆者：なぜ？
みずき：だって大したことしてないよね。
のぞむ：（授業の）内容はちょっと薄いなって感じてた。（英語が）分かんないけど、薄いなって。

のぞむのように、全員が入学当初から、授業内容が浅い・薄いと感じていたようだった。英語能力が成熟していない状態でも、薄いと思ってしまう内容だったわけだ。

あすか：（授業）けっこう取ってたんだよね。3、4年も。留学の単位では足りなかった（から）。全然覚えてないな。覚えてないから。その程度だった自分の中で。
筆者：大学での学びはちょっと薄い？
あすか：うん。そう。

みずきとあすかは、受講していた授業の内容を詳しく思い出せないという。あすかが「その程度だった」と言っているように、深い学びは得られなかったと思われる。

授業の内容が薄い・浅いと感じる理由は、インタビューから2つあるようだった。一つは、リベラルアーツ教育を行なっているため〈体系的に学ぶことができない〉からだ。じゅんは、同じ大学の商学部に在学中の妹が受講しているカリキュラムと、自身が受講したカリキュラムを比較して、次のように述べている。

じゅん：〇〇（当該学部）って、悪くいえば広く浅いじゃん。

じゅん：結局はさ、たとえば妹を見てると、商学部だけど、その、体系的に学んでいくんだよね。ある程度、その人の年次だったらこれ取って、この年次でこれ取ってっていう、縦に積み上げていくような知識の付け方をする。

けど、うちらの場合って、その浅く広く取っていく中で、どうしてもそうは言いつつ、全部イントロ（1年時に初めに取る選択教養科目。Introduction〔初級〕の授業の略）から始めるわけじゃなくて、イントロから始められるものと、唐突に上級科目（初級科目、中級科目履修後に履修できる選択科目）を取るみたいな。で、初めてのものを取るみたいなこともできちゃうわけじゃん。それはちょっとばらつきがあまりにもあるから、ある程度、制約があってもよかったんじゃないかな。

当該学部は、興味のある科目を自由に受講することができる。そのため、特にその授業を理解するために必要な基礎的なバックグラウンドがなくても受講することができるし、前学期に受講した授業とは全く別の内容を始めることもできるため、その場限りの学びになってしまうことが多い。体系的に学ぶことが難しいため、浅い学びになってしまうのである。

もう一つの理由は、〈英語が得意ではない先生がいる〉ということだ。

じゅん：（授業の）ばらつきはすごいなと思った。授業の面白さが先生によって全然違うし。これは品質の問題だと思うけど、先生によって英語が違うからさ。めっちゃ聞き取りやすい人は聞き取りやすいし。逆にだからその、この人、絶対日本語で授業やった方が面白いな、もったいないな、もっと聞きたかったな、の授業は3つぐらいある。

じゅん：先生が英語が得意じゃなかったとき、何言ってるか分からないから楽しくない。楽しくないと寝る。点数取らない。落単する。ただそれは自責もある。でもそれはちょっと先生の責任もある。

じゅん：自責が何割、他責が何割だなと思って、この授業はしょうがないかみたいな。でも欲をいえば、そういうのを考えなくても１００自責だったら、あと自己努力だけなんだからさ、理想形なわけじゃん。だからそういう環境であって欲しかったなと。先生のせいにする余地がない、であって欲しかったなと。

当該学部で授業をすることになり、それまで日本語で講義を行なっていた先生が、急に英語で講義をしなければならない状況になってしまうケースもある。先生が英語に慣れていないこともあって、内容が薄くなってしまったり、そもそも何を言っているか理解できないこともある。ある意味、先生たちもかわいそうなのかもしれない。

そして、〈内容が薄い〉〈学びが浅い〉と関連して、〈レベルの高い授業ではない〉という評価があった。

みずき：なんだろう、なんか（当該学部は）英語で授業をやってますってだけで、そんなにさ、こう、内容としてすごくレベルの高いものではなかったかなっていうふうには思う。

みずきは、当該学部の授業ではなく、受講していた全学共通科目の英語での授業の方が、学びが深かったという。じゅんも、全学共通科目を受講したことで、学びが深まったという。じゅんの場合、もともとジェンダーに興味を持っていたが、当該学部では内容に限りがあるため、全学共通科目や他学部設置科目を受講していたという。現在ジェンダー論について深く知識がある理由は、そういった当該学部外の科目を受講したことによるものだそうだ。当該学部の授業は、学びの興味のきっかけにはなるが、それ以降は自分で行動する必要がある。

また、もう一つ、〈内容が薄い〉〈学びが浅い〉と関連したものとして、〈達成感や成長したという実感はない〉というものがあった。

みずき：大学でやってきたことが本当にそもそもなくて。

みずき：基盤、何かを極めるっていうことができなかったなとはすごい思って。自信を持って、これ達成できましたみたいなことは、たぶんない。

じゅん：停滞？　大学は。成長はない。なんなら右肩下がった感じ。なんか、良い面もたくさんあった、良い経験させてもらったけど、停滞かなあ。
筆者：大きく前進したことはあまりない？
じゅん：全然もうない。前進はゼロ。なんなら後退50くらい、だなと思う。

学びを深めることができなかったがゆえに、何もできなかった、という印象になっているようであった。

あすかは、達成できたことがない状態を踏まえて、当該学部は〈中途半端〉だという評価をしている。

あすか：（当該学部の）悪いところは、言ったら、勉強面でいうと、中途半端。何か専攻ないじゃん。作ろうと思えばそうできたのかもしんないけどさ。なんかもう、全部食べかけみたいな状態だなって。私はそうだったから。大学で何勉強したのって言ったときに、とっさに答えられない。何か、何やってたんだろう。あれ？ってなっちゃう。ところかな。

専攻がないということは、自由に勉強ができるという良い面もある反面、自分の支えになるものがないという悲しい現実を生み出すのである。みずきも同じように、当該学部は〈中途半端〉だと表現していた。

加えて、じゅんは〈中途半端〉という状況が、「無駄な悩みを生ませる。そういう感じがする」と言っていた。無駄な悩みを生む、とは、つまり、本来ならば悩む必要のなかったことに対して、当該学部の環境の影響で深く考えすぎてしまうということだ。達成感がない、誇れるものがない、という自己に対する不承認であり、自信を失う環境が強く影響している。

次に出た当該学部に対する悪い評価は、〈劣等感が生まれてしまう〉〈自己肯定感が低下する〉というものだ。

当該学部の環境は、英語に支配された環境であり、学生たちは、上には上がいるという現実を突きつけられる。頑張っても頑張っても追いつけない明確な英語ヒエラルキーの中では、劣等感が生まれるのも無理はないだろう。加えて、学びが薄いという状況も、自分は何を学んできたのだろうかという疑問とともに、自信のなさにつながっていく。

じゅん：自己肯定感は下がる。あとコンプレックスもたくさん植えつけられる。そしてそれを解消できない。できた人もいると思うけど、私はできなかったから。それは私にとっては悪いところだと思ってる。

じゅんの話を聞くに、4年間で生まれたコンプレックスは、いまだに解消できていないそうだ。

じゅん：様々なコンプレックスを生み出され、それが解消されないまま、今にいたってます。コンプレックスが開発された場所、大学です。

じゅん以外のＥＭＩ実施学部の卒業生からも、それぞれコンプレックスや自信のなさと取れる発言があった。そしてその原因は、当該学部での経験によるものだった。

次に挙がった当該学部に対する悪い評価は、〈日本語に触れる機会が減る〉ことであった。当該学部では、ほとんどの授業が英語で行なわれているため、日本語に触れる機会が減ることは当然のことではあるが、これが悪い評価とされる理由を、のぞむは以下のように語る。

のぞむ：デメリットは、日本の常識が通用しないところ（笑）。暗黙のルールみたいなのはあまり通用しないところが、大いにあると思う。

のぞむはさらに、現在働いている自分の立場から、学生生活を振り返り、こう語った。

のぞむ：（環境に）また染まり直してる感じある。なんか今、「日本の暗黙のルール勉強中」って感じ。

みずきは、当該学部の学生は、卒業後〈社会に出たときに苦労する〉だろうと語っていた。

みずき：みんな、なんかよく分かんないけど、社会に出たときに多少なりとも苦労するんじゃないかなと思う。（中略）なんかねやっぱりね、どうしても学生のときの自由を奪われた気がするよね、考えることも考え方もアウトプットの仕方も。だから言ったじゃん、そのメリットは自由であった。そのデメリットが、自由すぎて不自由さに慣れてないっていうギャップがすごいあると思うよ。

当該学部の学生は、日本語と日本文化と切り離された、自由で欧米的な文化に浸《ひた》りすぎる。みずきやのぞむが語ったこの評価は、卒業して働き始めてから感じた評価である。それぞれの個人の現在の苦労がうかがえる。

3．大学生活の後半とEMI実施学部へのフィードバックのまとめ

留学後の大学生活後半は、英語環境や授業スタイルへの慣れがあり、ＥＭＩ実施学部での辛さはそれほど見られなかった。後半の大部分を占めるゼミでの活動で、留学で培った視野の広さがもとになった、独自の価値観が深化していく。

大学生活の振り返りから現れたＥＭＩ実施学部に対する評価として、良いものは、自由かつ、多様性が身に染み込んだこと、思考する力を得たこと、日本国内で異文化体験ができたこと、英語能力が伸びたことであった。日本国内にいながら、国籍、人種、性別に関係なく、様々な思想を持った人を受け入れる環境で、日々議論を重ねることによって、多様性の許容と思考力を身に付ける。さらにそれが英語で行なわれているのである。

悪い評価として、学びが浅く、達成感がない、中途半端な環境で、劣等感やコンプレックスを植え付けられてしまう、そして日本文化と切り離されてしまうということが挙がった。

学びが浅いという事実が、過酷な英語環境での不遇な経験と結びつき、現在も解消されない劣等感やコンプレックスといった自己不承認につながっている。

さらに、自由であった環境は、日本文化と切り離されることを意味し、それは現在の社会生活での苦労として現れている。

ここで重要なことは、この振り返りが在学中のものではなく、ＥＭＩ実施学部のコミュニティの外に出たときに行なわれたということだ。在学中には気付かなかった良い点、悪い点が出現している。

（5）卒業後から現在——自己評価と他己評価の違い

1．日本語使用時に抱えている問題点——日本語の不安

ここからは、ＥＭＩ実施学部を卒業後、現在まで抱えている諸問題について見ていく。

みずきは、日本語を使う際の問題として、〈敬語が上手く使えない〉ことを挙げている。

みずき：ここ最近、お客さんの前でおしゃべりをしないといけなくなってきて、でそのとき

に、何か、プレゼンの語尾が分からない。「それではこれから、何々について、ご説明いたします」がいいのか、それとも何か、あの変な二重敬語みたいな、「させていただきます」の方がいいのか。何を使ったらいいんだろう、っていうところから始まるのよ。で、ございますと、あります、おります、みたいなパターンがいっぱいあるじゃん、どれを選んでいいのかが分からなくて。最初、もうあわあわしてて。

みずき：誰と働くかにもよるんだけど、公式な場とか固い場面のときとかに、やっぱりその敬語分からない、とか、敬語に自信がない、みたいな感じだったから、ぱっと出てこないのよ。

使い慣れていない言葉を使うことは難しく、正しい表現が分からないため自信がなく、不安だという。

また、みずきは以前、会社の先輩から、自身の書いた議事録を添削され、直された箇所があったという。

みずき：（議事録は）すっごい添削された。死ぬほど添削された。

筆者：社会人1年目だから？

みずき：1年目っていうのもあるし、やっぱり、ちょっと上司というか先輩からしてみれば、（言語的に）いまいちの議事録を作ってたらしい。もちろんその議事録研修っていうのがあって、（書き方は）一応ベーシックとして押さえてるわけさ。でも、やっぱり日本語の使い方とか、その言い回しとか、どうしても地頭とか、出てくるじゃん、癖みたいなね。で、そう、私はけっこうはしょりすぎてて、書き足されてた。

〈敬語が上手く使えない〉こととも重なるが、みずきは、〈日本語の産出が難しい〉と感じるそうだ。上手くしゃべれない、上手く書けない、ということが、日本語の不安につながっているという。みずきは、日本語に対する不安の原因は、〈帰国子女という要素は大きい〉と言いつつ、当該学部を選び、日本語を使ってこなかったことに後悔もしているという。

筆者：他の学部に行ってたら、日本語力が上がって、英語力は下がってたと思う？

みずき：そうだね。完全にトレードオフしたなと思う。（当該学部に行って）私は英語を選んでしまったかな。だから、日本語より。

筆者：「しまった」っていうのは、心の中に後悔とか入ってる？

みずき：そりゃ入ってるよ。だってさ、最初さ、自分の今のプロジェクトで、日本語がうまくしゃべれないっていう話したじゃん。もっとうまくしゃべれたらなってすごい思うね。

みずき：（当該学部で英語に毎日触れることは）いいなと思うけど、同時に、もうちょっと日本語やっとけばよかったなあっていうのも同じぐらいある。

みずきは仕事をし始めてから、日本語に気を遣うようになったという。

みずき：最近はね、頑張ってね、横文字使わないようにしてるんだけどね。（中略）本当に、会社のせいだよ、やっぱ。働くようになってから、もうできるだけ、会社の人と接するときは、絶対日本語しか使わない。

みずきは〈働くときに日本語能力の不足を感じる〉そうだ。在学中には感じることのなかった日本語への不安が、知識がない、表現が上手くできないといった現実に直面することで、顔を出し、在学中に日本語を使わなかったことを後悔させた。

のぞむは、日本語に対する不安を率直に語ってくれた。のぞむは、就職して業務に携わる中で、上司に「日本語が変だ」と言われるようになったという。

のぞむ：たぶん、入って2カ月とか。なんかちょっとからかうっていうか、一番最初に言われたのが、たぶんメールの文面だったかな。具体的にどこがおかしいとかじゃなくて、何か「のぞむの文章変だよ」みたいに言われて。「(笑)」みたいな。

筆者：メールの文章、どういう内容のメールを送ったの？

のぞむ：たぶん、何だったっけな。何か具体的なこのメールが変とかじゃなくて、お客さんとかに（メールを）送るときに、その上司も必ずCCにいるんだけど、なんか「のぞむのメールいつも読んでるけど、なんかちょいちょい変だよ」、みたいな言い方だったから。具体的にこの文章、ここが変とかじゃなくて。

のぞむが最初に上司から日本語の指摘を受けたのはメールの文章だった。

のぞむ：なんかどこが変なのか教えて欲しかったんだけど、そのときも「何かちょっと変」

みたいな言い方だったから、私も何をどう直せばいいのか分からなくて。

のぞむは、「日本語が変だ」と言われたものの、具体的にどこが間違っていて、どこを直せばよいかは教えてもらえなかった。ここからのぞむは、自身の日本語に対する不安を持ち始める。

のぞむが次に日本語について指摘されたのは、パワーポイントを使った資料を作成したときだった。

のぞむ：パワポで資料とか作るようになってから、（上司からの指摘で）この文章は何かちょっとつながってない、みたいな。たとえば、何々だから何々、みたいな文章であっても、その何々だからの前と、その後がつながってないとか。

筆者：どういう内容だったの？

のぞむ：ある案件が取れたときに、その案件が取れましたっていうことを、何かお偉いさんたちに発表するのね。その発表の資料で、あるシステムにちょっと使いづらい点が生じていたから、そこを改善するために、今回の案件が立ち上がりました、みたいな文章書いたの。こういう不具合があったから、何々を直すために、こういう案件になりました、そういう文章で。でも何か不具合の部分と、これを直したいからみたいな文章がつながってない（と指摘された）。

筆者：接続詞の問題なのか表現なのか。

のぞむ：たぶん表現。接続詞は間違ってなかったと思う。（中略）違うよって言われるし、何か上司がそういうとき、勝手に直しちゃうから。私は結局、どういう言葉が、私のできる表現でどういう表現がベストだったのかっていうのは、いつも分からず。

資料作成においても、具体的にどこが変なのかは伝えてもらえず、上司が直してしまうため、正解はいまだに分からないそうだ。のぞむは自身の〈日本語の表現に問題〉があるのではないかと考えている。

のぞむはメールや資料の作成といった、文章での日本語に指摘があるだけでなく、口頭でも〈伝わらない〉ということがあるという。

のぞむ：あと、何か困ってることが仕事中にあったりとかで、ここのこういうところが分かんないんですけどって電話して上司に聞いたりすると、「ごめんちょっと言ってる内容整理させてほしいんだけど、これこういうことで合ってる?」みたいな確認はよくされるから、何か話の内容にまとまりがないというか、説明してるときでも何か相手にうまく伝わってないなっていうことはある。

のぞむは、さらに、上司から「君(のぞむ)の発言は10%ぐらいしか分からないことがある」と言われたこともあるという。

のぞむの日本語に対する上司からの指摘の頻度は高く、

のぞむ:1週間に1回ぐらい言われるかも。最近パワポがめっちゃ言われるから。ここの表現おかしいとか。

特に表現に関わる指摘が多いそうだ。

のぞむは、日本語が変と言われてしまう原因については、〈仕事の知識がない〉からと〈自分の日本語がおかしい〉からの2つだと考えていた。

筆者：可能性としては、仕事の知識が身に付いてないからなのか、日本語の産出がちょっと普通と違うからなのか。自分的にはどっちだと思う？

のぞむ：仕事の知識がないからが7割で、私の日本語がおかしいが3割ぐらいかなと。

筆者：3割ぐらいはある？

のぞむ：何か自分でしゃべってってもときどき、あれ私今何言ってんだっけって思うことがときどきあるから。

のぞむは、上司からの日本語に対する指摘をたびたび受けることで、だんだんと自信がなくなり、日本語に対する不安が募っていった。

筆者：単刀直入に、日本語の不安みたいなのある？

のぞむ：不安ね。何かその会社で、けっこうその、最近、注意っていうか添削で直されたりするから、最近感じる。在学中、大学にいる間はなかった。（中略）日本語書いてこなかったからね。話を。書く方は、ちょっと、もうちょっとやっておいてもよかったのかなあって思ってる。

のぞむは、在学中は、日本語とマナーに厳しい先生のゼミに所属していたこともあり、これほど自分の日本語を指摘されることがあるとは考えていなかった。在学中には感じていなかった日本語に対する不安が、新しい環境に属することで露見していった。

のぞむは、日本語表現を指摘されてしまう現状を、みずきと同様に、当該学部で日本語を書いてこなかった、使ってこなかったからだと考えていた。

じゅんの場合、日本語の問題点は、〈文意を汲《く》み取れない〉ことだ。

じゅん：言語的な引っ掛かりが人より多いなと思う。なんかこれ、みんなと話してて、（会社の）同期かな、と話してて気づいたんだけど、（同期は）基本的に文意を汲み取ることができるんだよね。分かんない言葉があっても、あと聞き取れないところがあっても、サーッて聞いて、じゃあこの人たぶん、こういうこと言ってるって汲み取って、動くことができる。（私は）取れん。汲み取れても分からん。私は毎回確認しちゃう。他の人は汲み取って生きていってるけど、私は汲み取ることが苦手。

じゅんは、同期と比べて、自分は文意を汲み取る能力が低いと感じていた。自分一人だけ指示が理解できていないときがあるという。指示が通っていないだけでなく、会議などで〈会話についていけない〉こともあり、困惑していた。

じゅんは〈文意が汲み取れない〉理由を、〈知らない日本語〉があること、そして当該学部がはっきり主張する文化圏だったことの弊害であると考えている。

じゅん：文意が汲み取れない、何言ってるか分かんない瞬間がある。その、なんだろうな、ビジネス用語だと思うんだよね。たぶん私が日本語を知らない。なんか、展開してください、とか、五月雨《さみだれ》式で申し訳ありませんが、とか、あとはその技術的なそういうその単語（業界用語）。

筆者：ストレートに聞くけど、これ○○（当該学部）の弊害だなって思うことってある？

じゅん：文意を汲み取れないのはそうかな。（中略）（会社では）イエス・ノーがストレートじゃない人がいる。こっちの（文意を）汲み取る能力が、たぶんもともと弱い能力が、○○（当該学部）の5年間（じゅんは半年間卒業が遅れ、4年半で卒業している。就職が同学年より1年遅れたため「5年」と発言している）で不必要になったがために弱いですよね。今、鍛え直す期間になっているなと感じるね。

じゅんは、文意を汲み取れないうえに、業務で必要な単語、日本語表現といった語彙が不足していることが問題だということであった。みずき、のぞむと同様に、じゅんも、当該学部で日本語を使ってこなかったことの影響が、現在、仕事をしているときに現れていると考えていた。

ＥＭＩ実施学部の卒業生の全員に共通していた日本語の問題点は、〈アウトプットが苦手〉ということだった。相手に何かを伝えたいときに、適当な日本語が出てこないのである。彼らには、〈日本語が出てこない〉〈英語が混ざる〉という現象が起こっていた。つまり、言葉に詰まってしまったり、日本語の単語が英単語に置き換わってしまうのだ。

みずきの場合、物の名前の日本語発音が分からないそうだ。英語の発音に置き換わってしまい、なんと言えばいいのか分からないらしい。帰国子女にありがちな言語の問題でもある。

みずき：今日、話に出たのが、フォルクスワーゲン。車の。英語だと、ヴォルクスワーゲンじゃん。うちの母親と話してて、（パートナーが）フォルクスワーゲンのジェッダっていうのに乗ってたんだけど、英語で言うと、ヴォルクスワーゲンのジェタなのよ。だから、「いや、なんて言うんだろう……」って（笑）、考えて。発音（が分からない）。

帰国子女でないのぞむの場合も、日本語のアウトプットに問題点があった。英語が先行してしまい、日本語が出てこないという。

のぞむ：仕事で、社員共通のスケジュールを使ってるんだけど、それで何か予定を送るとき（会議の予定を追加するとき）、必ずinvitation（招待）って言っちゃう。あと、adorable（愛らしい）って単語がすごい使いやすくて、ペットとか、かわいい女の子見ると使いたくなるんだけど、日本語出てこなくていつも詰まる。

のぞむと同様に、単語が英語に置き換わる、日本語が出てこないという現象は、ＥＭＩ実施学部の卒業生全員に共通していた。あすかは、とっさに日本語の単語が出てこないことがあるという。

あすか：最近、何か上司にね、これを知りたいからそのグループのメンバーに何か、聞いてまとめて自分（上司）に報告してって、結果を。分かりましたって言って、メールでこれを知りたいです、いついつまでに自分（あすか）に返事してくださいね、って送ったんだけど、期日守らないで返事してこない人がいて、もう1回リマインドで、これどうですか、確認してくださいとメール出してね。それでも返事がなかった。

　もう1回メール出してやろうと思って、メールしたときに、「今日の午前中までに返事してください」って言いたかったの、私。でもそれをなんて言ったらいいか分かんなくて。なんか今日の午前中までにリアクションしてくださいって（笑）。（リアクション）しか思い浮かばなくって。それで送ったことはある。最近。そう、なんて言うのが（正しかったのか）、返事？　返事も思い浮かばなくて、リアクションしてくださいって送っちゃった。

　あすかは「返事」という単語が出てこず、「リアクション」と書いてメールを送ったそうだ。このような経験は「ぱっと思い出せないけどよくある」と言っていたので、高頻度で起きているようだ。じゅんも同じように、言い表したいことの日本語が出てこず、会話中の相手に正しい単語を言ってもらうことがあるそうだ。

じゅん：（日本語が分からないことが）いまだにちょくちょくある。で、それを説明しようとしちゃうんだよね、分かんないからね。言葉が出てこないから。（"medical checkup" が出てきてしまい）「あれだよ、あの体調見てさあ、あと何か身長とか測るあのイベントなんて言うんだっけ」みたいな。（相手が）「健康診断？」（じゅんが）「あーそれそれ」みたいになる。

じゅんも、あすかと同様に、日本語の適切な単語が出てこないため、英語を使ってしまうことが頻繁にあるそうだ。じゅんは入社直後、自社工場で発送の業務をしていた。あるとき、筆者に「本日の日本語出てこない」というタイトルでメッセージを送ってくれた。

じゅん

出来事：伝票だけ落ちてて、対応する品物が見つからない→Lost and Found と missing しか出てこなくて、missing と書いたメモを貼っておいたら、何これって突っ込まれました。

学び：ここでは英語は通じない

宿題：紛失物のカジュアルな言い方

じゅんは現在もこの「紛失物のカジュアルな言い方」の正解は分かっていないそうだ。後日、じゅんと話した際、

じゅん：こういうときなんて言ったらよかったのかな。

筆者：「落とし物です。片割れがいません」とかメモに書けばよかったんじゃない？

じゅん：それだ！「片割れ」って言いたかったんだ！

おそらくだが、日本語で正しく表現する場合、「片割れ」とは言わないのではないだろうか。筆者も当該学部の卒業生であり、〈日本語が出てこない〉ということが多々あるため、これが正解だという確証は全くない。配送伝票と一緒になっているはずの、ペアになっているはずの品物、という認識で“the other half”を直訳してしまっている。ここから読み取

〈表2〉日本語が英語に置き換わった例

- 「インタ…（ラクション）、交流が」
- 「自分のバリューを発揮しないと」
- 「完全にトレードオフした」
- 「一応ベーシックとして押さえてるわけさ。ベーシック（笑）、基礎としてね、」
- 「インタビュー、面接あるとき、」
- 「フェアネスはどこ?」
- 「そのサジェスチョンくれてたら」
- 「そういうアシストめちゃくちゃしてもらった。」
- 「ペイオフされた」

れる問題点は、日本語母語話者が使わないような日本語表現、または造語を、気づかないうちに使っている可能性があるということだ。

インタビュー中にも、日本語が英語に置き換わっていることがあった。〈表2〉はそれらを集めたものである。

ＥＭＩ実施学部の環境下で、英語を使うことを強いられていれば、日本語を使う機能が低下し、日本語が出てこなくなるというのも当たり前であり、仕方がないことであるともいえる。在学中は他の学生も、同じような日本語使用状況であったため、気に留める必要はなかった。

しかし、ここで重要なことは、ＥＭＩのコミュニティ外に属したとき、初めてそれが

「問題」に変わるということである。ただ日本語使用が不得意なことが問題なのではなくて、不得意な日本語使用に対して、他者から否定的な指摘を受けたり、不審な視線を受けることで不安に変わるのである。「使っている言葉が違う」という社会からの不承認である。

2. 会社との不和——価値観の違いによる自己評価の低下

直接的な言語の問題ではなく、また別の問題から派生する不安もあるようだった。日本社会の風土に接してこなかったことによる価値観の違いである。

あすかは、卒業後、地元の企業に就職したが、〈入社前と入社後にギャップ〉があったという。

あすか：入社するときに、どんな仕事をしたいですかって聞かれて、英語を使って仕事をしたいですって言って、その部署になったんだけど、（英語を）全然使わないじゃんみたいな。だし、むしろ他の部署に行った全然英語できない同期のほうが、英語使ってるよ、みたいな感じだったのね。

あすかは仕事で英語を使うということが入社の決め手であったが、入社すると、英語を使うことはあまりなかった。

あすか：装置のマニュアルを作るグループだったんですよ、私は。で、そこに配属なりましたと。もともとね、なんかあの、もう完成されたマニュアルあるんだけど、それをベースに、それにどんどんどんどん修正をかけて、それが海外向けに出荷する装置だったら英語にします、中国語にします、韓国語にします。中国語とかは業者に頼んで訳してくださいって。英語でできる分だけ社内でやる。あとは日本語は自分たちでやるとか。っていうのが基本のベースだった。英語ができる人がね、私ともう一人の人しかいなくって。２人で英語の文をやってた。でも、ほとんど業者に出すのが多かったんだよね。

あとなんかね、そのマニュアルに図面が載ってんのよ。図面のところに、何か設計者の名前とかが書いてあるのよ。その名前を消すみたいな仕事をしてた。で、それがすごい嫌だったんだよね。なんか言ってしまえば、私じゃなくていいじゃんみたいな。誰でもできるじゃん。こんなの。名前を消すなんて。

別にそのマニュアルもさ、英語にするっていっても、もともとその翻訳専門の翻訳ソフトっていうのがあって、それにかけたら、もう専門用語がぱっと出てくるやつだった。だから別に、私じゃなくてもそんな使い方覚えりゃ誰でもできるし、日本語だって同じことじゃん。ただ日本語に直して終わり、とか。誰でもできるなって思ってた、仕事に対しては。

あすかは、仕事に対してやりがいを見出せなかった。英語を使うと言われていたが、さほど使わなかったこと、そしてとても〈暇〉だったことが理由だ。

あすか：めっちゃ、もうね、超暇だった。本当に暇で。なんかもう上司もすごい甘かったし、暇でやることないんですけど、って言っても、なんかぼうっとしてていいよとか、好きなことしてていいよとか、そう言われてた。

あすか：最初の頃はね、なんだ、みたいな。仕事しなくて、毎月、その普通に（給料が）もらえてれば全然いいやって思ってた。だけどだんだん、その会社の同期とか大学の同級生の友達とかが、なんか「すごい仕事こうでさ」とか、仕事へのそういう忙しい、故に悩み、うまくいかないとか、どうやっていいのか分かんない、困ってるとか、話すじゃん。自分にはそういう悩みが何一つなかったの。暇だから、暇が悩みだった。なんか自分、なんのために大学行ったんだろう、とか、なんのために留学したんだろうとか、すごい思っちゃって。

あすかは能力を発揮できない、自分が必要とされていない環境に頭を悩ませていた。あすかは悩んだ末に休職をした。

あすか：それで、暇なのがもうなんか、本当に気が狂いそうだった。私、なんのために生きてるんだろうみたいな。週5も暇で。って思っちゃって、もう行きたくない、嫌だ行きたくないとなって、結局休みますってなって、3カ月休職しますって休職したね。

あすかの悩みの原因には〈周囲との価値観の違い〉もあった。

あすか：(周囲の人に) めっちゃ言われたの。いいじゃん暇で、みたいな。暇でそんな別に普通にお金もらってるならそれでよくない？　なんでもできんじゃんみたいな。そういう問題じゃないでしょうみたいな（ふうに思った）。

あすかには〈働く意欲〉があり、能力を発揮したいという向上心があった。「暇で辛い」という悩みを同期には理解してもらえず苦しんでいた。また、どんなに訴えても職場環境は改善しなかったという。

あすか：配属されたのが1年目の5月ぐらいで、暇。7月ぐらいに、8月とかに、もう暇で気が狂うみたいな、当時の上司とOJT（の担当者）と、あと部長代理と部長に言ったんだよね。やっぱり全然誰も何もしてくれないし、それを2回ぐらいやったんだけど、全然改善されないから、言っても無駄だなと思って（何も言わなくなった）。

あすかは休職期間中、〈自分の価値を探し〉続けていたという。

あすか：休んでる間も、普通の人は働いてるのに、自分、何してんだろうとかいろいろ考えた。

あすか：○○大学（当該大学）出て、留学もして、なんかいろんな世界を見てきたわけじゃん、割と。なのに、ってか、なんかなんでこんな狭い、こうなんか、1個の考えしかできないっていうのはあれだけど、なんかそういう会社で生きてるんだろう、何が楽しくてこんなことを週に5日もしてんだろうって思っちゃって。

休職期間が明け復職することにしたあすかは、人事の心ない一言に退職を決意したという。

あすか：復職面談があって。なんで今回、休職することになったのか、もう1回一から説明してくださいって言われて。暇で何か仕事やらせてくれって言っても、なんか全然何も対応してくれなかったって話をした。そしたら（人事の人が）、「君はもっと周りに相談すればよかったね」みたいな。（中略）人事から「もっと言えばよかった、それがダメだったら他の人に言えばよかったのに」って言われて。部長に言ってダメだったら、誰に言う？人事にも相談してた。暇でもうやばいみたいな（ことを）言ったら、「最初は何かできること少ないかもしれないけど、後から出てくるよ」とか、そういう（ふうに）なだめられて耐えてたわけ。それで、それを言われた瞬間に爆発して、こんな会社辞めてやるよと思って。

評価されない、そして誰も助けてくれないという状況は、非常に辛かったであろう。あすかが退職を選んだことも無理はない。しかし、退職を決意したあすかにあることが起きた。

あすか：（辞める）前日に、私がいた部署の、昔、部長やってて、今まだ会社員嘱託で残ってる人がいて、急に電話があって。全然面識ないんだよ。何かと思ったら、じつは、（その人が）先週会社に行ったときにもうその子（あすかのこと）ずっと休んでるんですよみたいなのを別の人から聞いた。で、その人は、私が入社したときに、○○大学卒のすごい英語ができる優秀な子が入ってきてくれたんだねって思ってて、いろんな人に、今の部長とかに、すごい優秀な子が入ってきてくれたから、ちゃんと育てないとダメだよみたいなことを言ってたのに、何があったの？　みたいに聞かれて。

　じつはこうでこうでこうでって話したら、言ったらブチキレて。ふざけた会社だ！　って。なんかめっちゃ怒って。でも私も、いいんです、明日、私、辞めるサインしに行くから、いいんですって言ったら、絶対にサインをしちゃダメだって言われて。すごい説得されたんだよ。なんか、自分が何とかするから、いったんそのサインは待ってもらいたいみたいな。その人に、なんか「違うところに異動して、それでももうダメだ、ここはもう合わないってなったら、そのときに辞めた方がいい、今、不完全燃焼のまま、やる前から辞めるのはもったいない、せっかく入ったのに」って言われて。それもそうだなみたいに思って。

自分に〈期待してくれる人の存在〉があり、会社に留まることを決めたそうだ。あすかは、復職の際に部署を異動し、現在にいたる。しかし、現在の部署でも、業務内容のやり方に疑問を持っていたり、理不尽に怒られたりなど、会社に対して良い印象は持っていなかった。あすかは、現在の会社と自分は合わないと考えている。

あすか：入社前はね、もちろん、会社のさ、もう目に見えてるとこしか分かんないじゃん。こういうことをやってる会社で、規模はこうです。会社のいいところしか見えなかった。（中略）心のどこかでは、なんかもう大きい会社だし、何かそれなりって思ってた。

だけど中に入ってみたら、もうなんか、言葉悪いけど、ただのくだらねえ田舎の会社だなって思った、私は。なんか全然、なんかグローバルにとか言ってるけど、グローバルの欠片《かけら》もないし。なんかたしかに、なんて言ったらいいんだろうな。すごい売り上げとかも伸びてるし、成長している会社なのかもしれないけど、私とは合わないなって思った。なんか考え方って言ったらあれだけど、自分とは。

筆者：存在してた環境が違う？　全然違うなってところにいる？

あすか：そう。で、また自分、すごい狭い世界にいるなって思っちゃった。

現状、あすかは現在の会社を辞めるつもりでいるそうだ。しかし、退職後、またどこかの企業に属するかどうかは悩んでいるところだった。

あすか：そもそもなんか、自分、社会人に向いてない、会社員に向いていないんじゃないかなとか。

あすか：なんでそう思ったんだろうね。なんか、会社への、今もそうだけどね、会社への帰属意識みたいなのが低すぎて、（中略）私、会社員するよりも、なんか一人でやった方がいいんじゃないかみたいな。

現在の評価されない環境や、理不尽に叱られることにうんざりしているあすかは、会社に属する意味を見出せないでいる。

あすか：（会社を）辞めた後、どうしようって思ってて、すごく。別の会社に入ってやっていける自信もなくて。またそういうふうに思っちゃいそうで。なんか向いてない。普通の人と違うなみたいな。だから何か、別の会社で働く勇気もなくて。

あすかは、社会の一員として働く自信を完全に失っている。一言で原因を表すことはできないが、もといたＥＭＩ実施学部の環境や、そこから派生した価値観の違いが、自分が現在属する環境や社会との不和（ギャップ、違和感）を生んでいるようだ。

あすかの語りから見て取れるもう一つのことは、日本社会では、グローバル人材に対する意識が成熟していないということだ。

あすかが所属している会社は、グローバル人材を「英語ができる人」として採用し、あすか本人も、英語を使った仕事を希望していた。しかし、実際の仕事では、英語は必要ではなかった。またあすかの語りからは、会社では英語以外のグローバル人材の能力は求められていないようであることが分かる。

あすかはグローバル人材として期待されてはいたものの、会社側が、グローバル人材はただ英語ができる人と考えていること、英語以外の何を期待しているのか具体的なイメージがないまま採用を行なっていることが問題である。

グローバル人材に対するＥＭＩ実施学部の卒業生の意識については後述する。

3．ＥＭＩ実施学部の文化と日本社会の文化との乖離——他者との関係の窮屈さ

あすかと同じように、ＥＭＩ実施学部の他の卒業生も、社会と自身との間の不和を感じているようだった。

のぞむは、自分がいま働いている会社は「いわゆるザ・日本の会社」という感じだそうだ。

のぞむ：確かにちょっと、いわゆるザ・日本の会社みたいな感じはあるかも。やっぱり歳、年次の高い方がちょっと偉くて。

のぞむ：私はちょっと、男性の方が上みたいな感じを感じてしまった。

年功序列制や男性優位に感じる環境に、〈典型的な日本の会社らしさ〉を感じるという。

また、のぞむは、〈他人に対する意識〉も、自身と会社の人では違いがあるという。

筆者：会社は○○（当該学部）と文化が違うなと思うことはある？

のぞむ：ちょっとあると思う。だからといって、めっちゃやりづらいっていうほどではないけど、全然違うなと思う。誰々ちゃんには彼氏がいるとか、誰々が別れたとか、（噂が）一瞬で回る。なんかみんなけっこう、みんな他の人のことを意識してる感じ。迂闊《うかつ》にペラペラしゃべれない。

のぞむ：なんか他の人の人生に、けっこう口出しっていうほどじゃないけど、ちょっとなんか干渉がある。（中略）なんか私は、もっとなんか、なんか自由に生きなよっていうスタイルが好きだから。ちょっと詮索（せんさく）してくる感じがある。会社の方。

のぞむ：○○（当該学部）でも、なんかけっこうさ、いい意味で、その多様性もあるし、なんか他の人が何してもいいじゃんみたいな、どうでもいいじゃん好きにしなよみたいな、あなたの人生だから気にしない、みたいな感じでけっこう浸透してると思うんだけど。会社の方は、なんかやっぱり、ちょっと女性を下に見てる人がいるのかなっていうのをけっこう感じるし。なんか人の噂話とかもすぐ回るし。けっこう閉鎖的っていうか、なんかそんな自由にみたいな、多様性っていうのとはちょっと違う感じがする。

のぞむ曰く、現在働いている会社は、他人の視線を常に感じるところがあり、〈閉鎖的〉である。自由な空間とは言い難く、多様性が許容される環境ではないようだ。その点において、のぞむは「日本人らしい」と表現しており、当該学部との違いを大きく感じている。

あすかも同じように〈他人に対する意識〉の違いを感じるという。

あすか：なんか、いかに人に合わせられて、いかに目立たないようにするか、を求められている気が私はしちゃってて。ちょっとでも人と違うことをすると、なんか「あの子、変だよね」みたいなこととか言われちゃうし。私はそうじゃない、そんなふうに思うのは違う、私はそう思わないとか思ってても、なんか、そう思われちゃう、から、言わなかったり。いかに周りと同調するかというか、本当に浮かないようにおとなしく生きるかの勝負だなと。

あすかは、会社では〈同調圧力〉があるという。あすかは、周囲と同じでなければいけないという環境を窮屈に感じていた。

じゅんの場合、会社の人は〈明確に意思を示さない〉という。

じゅん：みんなはっきり言わない。あのね、やりたくないんだったらさ、やりたくないって言ってもらっていいですかっていう。（中略）少なくとも私の周りには、○○（当該学部）とか外国の留学生とか、はっきりNOっていうやつらしかいなかったから。

じゅん：なんかさ、嫌ならさ、嫌っていうのをその人に示さないと、その態度は一生続くわけじゃん。なんか、嫌っていう顔ができない。嫌だっていう示す勇気がないのか何なのか分からないけど、嫌だって言えない。でもずっと愚痴《ぐち》ってる。それはだから本人にも言ったよ。私は思ったことは誰にでも言うので、嫌なら嫌な顔しないと、伝わらないと思うよって言って。その場では、だからまた、（会社の同期は）「そうだよね、でも私そういうのできないからさ」って言う。

じゅんはイエス・ノーをはっきり言わない周囲の人たちに苛立《いらだ》ちがあるようだった。このエピソードの他にも、上司や先輩からの指示が明確でないときがあり、困っているという。

じゅんは、加えて、〈上下関係の刷り込み〉があるように感じるという。

じゅん：たまに言われて「ん？」ってなるのは、職制を無視するなっていうふうに言ってくる人が何人かいて。なんかやっぱり上下関係を刷り込まれるような意味合いでの職制だと思うんだけど。その、うちらは平社員じゃん、平社員の直属の上司ってなると、課長になるわけで、その次が部長じゃん。課長がいくら動いてくれなかったり、役に立たない課長だったとしても、そこを絶対に飛ばしちゃいけない、飛ばして部長に問題を投げかけちゃいけないよっていう意味で、職制を無視するなって言われるんだけど、たぶんね。そういう、その、仕事をしない課長が悪いじゃん、端的に言えば。なのに怒られるのは、たぶん課長にも言ってるだろうけど、でも平社員もそれ言われるんだって、そこを注意されるんだ、っていうところ、は、まだその実際の体験としてはしてないからなんとも言えないけど、今後、気になっていく部分だろうなっていうふうに思う。

じゅんにとっては現在の会社の環境は少々窮屈そうだった。

じゅん：やっぱり大学生のときみたいに、本当に自由な格好して、なんの格好でもとりあえずその課題ができていればそれが正っていう環境ではないから。そういうことに関してまたロッカーに、というか自分からロッカーに踏み込んだ、があるなって。（中略）あれだけ自由な大学生活、かつ、思考が自由で良かったわけじゃない。上下関係とかもたぶん、顕著にそうだなって私は思ってて。海外的な考え方が許されたのが、○○（当該学部）の良さだった。でも（自分のいる会社は）日本の古い会社なんで、そういうのはないと。抑圧されているように感じる。

じゅんは、閉鎖的な環境を「ロッカーに閉じ込められたようだ」と表現していた。当該学部の自由な環境と現在を比較して窮屈に感じている。

前述のような、自分たちの会社への評価を踏まえて、総じて現在の状況を〈日本文化に染まりなおす〉〈教育されたものを元通り〉と表現していた。

のぞむ：また染まりなおしてる感じある。なんか今、「日本の暗黙のルール勉強中」って感じ。

あすかは日本社会への適応の難しさを語った。

あすか：（当該学部の特殊な）そういう環境にずっといたのにさ、すぐ普通の日本社会にぽんと放り出されてさ、対応できない部分あるよね。確かに、なんか。普通の日本人て、こうなんだみたいに思っちゃう。

のぞむ、あすかの発言から、当該学部の文化と日本社会の企業文化に大きな差があると読み取れる。

学生が社会に出たときに、学生と社会人とでは環境が違い、そのギャップに直面することは当たり前ではあると思うが、それ以上に、当該学部の卒業生が感じる環境の差は大きいのではないだろうか。それはまるで外国人が日本に来て初めて就労するような感覚である。

4．「普通と違う」という認識——周囲からの不和の視線

インタビューの中では、〈「普通の人」と「私たち」〉という明確な線引きがあった。日本で生まれ育ち、日本で当該学部以外の学部を卒業した人を一般的な日本人とし、当該学部で4年間を過ごした自分たちを「普通と違う」と表現していた。あすかは、他者と比較して、

日本的なステレオタイプな考え方を持たない自分を〈普通とは違う〉と感じている。

あすか：なんか私は、割と適当っていうか、別にそんな決められた道、歩かなくてもよくない？　みたいなタイプの人なのね。だけどさ、何か他の○○（当該学部）じゃない友達はさ、大学卒業して、就職して結婚して、とかそういう、もうなんかもう当たり前のありふれた人生設計を立ててる子が多くて。なんかもう私はもう嫌と思ったら、もうそれこそ仕事も休んじゃうし、もう別にいつでも辞めていいやとか。辞めて何かとりあえず、バイトでつないだりとか、海外フラフラしたりとか、そういうのでいいやって思ってるんだけど。その普通の人ってあんまりそういうことを思わない。で、共感してもらえなくて。なんか私はすごく、みんなと同じことをしてるのが、つまらないって思っちゃうのね。けど、それをあんまり共感してくれる人がいなくて。それが当たり前の社会と捉えてるから、そんなこと考えたこともなかった、みたいな人ばっかりで。なんかそこまですごい、あんまり「めっちゃ分かるそれ」みたいな人に会えない。

あすかは、これまで関わってきた当該学部以外の学部を卒業した人たちの多くが、「ありふれた人生設計」をしていて、自由な発想の自分には共感してもらえないことから、自身を〈普通とは違う〉と捉えている。

みずきは、当該学部の卒業生が、社会に出て働くとき、「普通の日本人と、（EMI実施学部を卒業した）気の強い人とかはあんまりうまくいかないと思う」と発言していた。当該学部の在学生・卒業生は、意見をはっきり言い、発想が自由であると評価していたみずきにとっては、「普通の日本人」とは、当該学部の卒業生とは逆の、おとなしい、空気を読む人ということだろう。そして、みずきは、「普通の人」と「普通ではない人」とでは、仕事で上手く噛《か》み合わないと考えているようだった。

あすかは、同期の中で〈変な人〉として認識されているようだと話していた。「周囲の人から浮いている」と言われたそうだ。

あすか：（同期から）浮いてるって言われて、変わってる、浮いてる、みたいなことを言われたことがあって。なんでそんな（ふうに）思われたのかちょっとよく分かんないけど、たぶん、私がこういう感じだからだと思うんだよね。なんか、なんて言ったらいいんだろうな。なんかこういうことを普通に会社で話すし、なんかもう会社辞めて海外でおにぎり屋とかやりたいんだよとか、もう日本でもいいから会社辞めてカフェやりたいとか。たぶんそんな自由な自由人みたいなことをベラベラ言うし。なんか私はずっと座って一日中、パソコンを見て、同じ時間に会議をしてるとかも、そういうのが馬鹿らしく感じるんだよね、みたいな、くだらなって思っちゃう、みたいなことも言っちゃうから。変だなこいつみたいなね。たぶんね。

生活してきた環境の違い、価値観の違い、そしてそれを隠すことなく発言する様子が、「変わっている」と思われてしまうのだろう。

のぞむは、はっきり意見することで、同期から〈怖い人扱い〉されているという。

のぞむ：ちょっと引っかかる発言を男子がしても、なんか私とか、ちょっと言い返しちゃったりするの。それコンプラ（コンプライアンス）違反だよ、みたいな。他の女の子たちって何言われても、ずっとニコニコして受け流してて、性格とかもあるだろうし、それが彼女たちなりの処世術なのかもしれないけど、なんかそういうのを見ると、こういうこと言われても笑って受け流すのが一般的なの？　みたいな。私なんかめっちゃ怖い女扱いされてて。すぐ言い返すみたいな。言い方きついみたいな言われてて。なんかその子たち（他の同期の女の子たち）はおとなしいよねって。あいつら怒らないからな、みたいな言われてて。そっちが一般なのかな、みたいな思っちゃったりして。

のぞむにとっては自分が正しいと思ったことをしているだけであるが、周囲の反応は「言い返すような変な人」と冷ややかだ。のぞむは、自分が一般的でないと感じているようだが、意見しない周囲に対して、疑問も持っているようだった。

ＥＭＩ実施学部の卒業生の語りの中では、〈変な人〉として認識されてしまう原因は、環境の違い、価値観の違いだけでなく、〈言語的な違い〉があるのではないかという考えがあった。

あすか：でもさ、○○（当該学部）でさ、そういう使い方（日本語が出てこない、日本語母語話者が使わないような日本語表現、または造語を使ってしまうこと）をしてもさ、別にみんな「ああ」みたいな（理解してくれる）、そういう環境だったじゃん。けど、なんかそう、会社ではさ、そういうわけにいかないじゃん。だから、そういうときにそういうのをする（不適切な場面で不適切な日本語使用をする）と、変な子だって思われてる。変な子レッテルを貼られちゃうわけ。変わってる子だみたいな。（中略）（自分もそのレッテルを）貼られてると思う、たぶん、今も。今でも自分が気づいてないだけで、何か言っちゃってるかもしれないし。

あすかは日本語の問題点で挙げた、日本語が出てこないこと、そして日本語母語話者が使わないような日本語表現、または造語を使ってしまうことが「変な人」としての認識を助長させているのではないかと考えている。自分が気づいていないだけで、変な言葉を使っていて、それが周囲とは異なる「変な人」に映ってしまうのだろう。

のぞむは、逆に〈日本の一般とのずれが日本語が変〉と認識される一因なのではないかと語っていた。のぞむは、当該学部を卒業していなければ、文化の違いに驚くことや、日本語が変だと言われることはなかっただろうとしたうえで、

のぞむ：何かそういう根本的な文化ギャップというか価値観みたいな、なんかちょっと日本の一般とずれているから、何かちょっと話が通じないみたいに、扱われることがあるのか

もしれない。

と、自分の現状を振り返っていた。周囲から「変な人」と認識されているという自覚や、世間一般との価値観の違い、そして、日本語の使い方の違いが、「普通の人」と「自分たち」という線引きをさせている。

右記を通して彼らが語ったのは、会社と自分が合っていないのではないか、日本社会と自分が合っていないのではないかという不安である。日本語使用の問題点と同様、ただ環境、文化、価値観が違うことだけが問題なのではなく、その違いに対して、周囲から否定的な視線を向けられることが問題なのである。

その視線は、「このコミュニティにあなたは不相応だ」という評価を示し、それが彼らにとって、疎外感、孤立感となって不安になるのである。彼らは社会から認められていないと感じるのである。

5．グローバル人材という自覚――自信と自己不信の狭間

先に見たように、ＥＭＩ実施学部は、グローバル人材育成の流れを汲んでいる。では、Ｅ

ＭＩ実施学部の卒業生の、グローバル人材に対する意識はどのようなものだろうか。

彼らの語りからは、「グローバル人材としての自覚」をはっきりと感じた。

まず、ＥＭＩ実施学部の卒業生は、〈海外に関わる仕事をしたい〉〈英語を使う仕事をしたい〉と考え、就職活動を行なっていた。もともと幼いときから海外に興味があったことに加え、当該学部での経験が、海外で働きたいという気持ちを加速させている。

みずきは、帰国子女である自分は、〈英語が自分のバリュー〉であると考え、英語力を武器に就職活動をしていた。

みずき：自分のバリューを発揮しないと、やっぱり仕事でお金をもらうっていうことはできないじゃん。何をしたらバリューが発揮できるのかって考えたときに、自分は英語がね、人よりもできるから、英語をしゃべることによって、その社会に貢献できるじゃん、みたいな、いい感じにビジネスを回していけるんじゃないのっていうことで、外資とか、あと、海外に支社を持ってる日本の会社とか、を中心に受けてたかな。

のぞむは、〈留学で海外に関わる仕事をしたいと再確認〉したという。

のぞむ：やっぱり何か海外に関わる仕事がしたいなとは思った。何か輸出入関係。
筆者：留学したからそう思った？
のぞむ：それもあるね。もともとさ、ずっと韓国が好きだったし、海外に興味はあったんだけど、やっぱ留学して、周りに旅行とかも行って、改めて海外っていいなって思った。再認識したっていうのはけっこう大きかったね。

あすかは、〈学部の経験と留学の経験を生かしたい〉と思っていた。〈英語を使うことが入社の決め手〉であったという。

あすか：入るってなったときも、なんか一応、英語使うし、使いそうだし。使うって言ってたからね。使えそうだし、まあいっかぐらいの気持ちだった。
筆者：なんとなく海外に関わることはしたいなと思ってた？
あすか：そうそうそう、英語は何か使いたいって思ってた。仕事で。
筆者：○○（当該学部）で留学もしたし。

あすか：そう、せっかくだからね、みたいな感じで入りましたね。今の会社に。

ＥＭＩ実施学部の卒業生全員が、英語力と海外経験をアピールポイントとして就職活動を行なっていた。日本で、日本式の就職活動を行ない就職した一方で、日本式の就職活動には疑問を持つ意見が多かった。

あすかは〈就職活動は馬鹿馬鹿しい〉と思っていたそうだ。留学経験を経て、世間に対して〈見方が変わったことによる働く姿の変化〉が理由だ。

あすか：考え方が変わったのかなって思って。就活もなんか、みんな当たり前のように受け入れてさ、当たり前のようにやってたけど、私はそれで何の意味があるんだってずっと思ってたし。

あすか：就活の話。その馬鹿馬鹿しくなって、全然受けなかった。（中略）、何でそんなね、みんな同じ見た目で、いかに見た目では浮かないようにしなきゃいけないのに、なんか中身では個性出してこいみたいな、意味分かんないみたいに思っちゃって。全然就活しなかったね。

じゅんは〈就職活動が嫌〉だったという。日本の就職活動のスタイルやステレオタイプな生き方に疑問を持ちつつも、結局就職する道を選んだ理由は、〈就職しなければならないという刷り込み〉があったからだという。

筆者：振り返ると、別に就職しなくても卒業するっていう選択肢もあったよね。でもそうはしなかった。それはなぜ？

じゅん：いつでもどこかに経済的な不安があるから。うち別に、お金に困った家族じゃないとは思うんだけど、なんとなくずっと、この安定的な、経済的に安定した生活がずっと続くかどうか分からないっていうのは、あるんだよね。なぜか。刷り込みで。誰に刷り込まれたのか分かんないけど。それがあるから、卒業したら働く。自分のお金で、大学院とか、もしくは何かそのワーホリ（ワーキング・ホリデー）したいとか、そういうのも自分のお金でやらなきゃって。別に親にそれを強制されたことは1回もないし、それを直談判《じかだんぱん》したこともないけど、なんとなくそうしなきゃって自分で思ってた。だから自分で自分をどっか、またどっかに押し込めて、もうちょっとイージーに考えればよかったかもしれない。

のぞむも、じゅんと同様に就職活動のプレッシャーを感じていた。

のぞむ：（面接は）やっぱり毎回すんごい緊張するし、なんかやっぱり（就職先は）いいとこ行かなきゃみたいなプレッシャーもあったし、今思うとあほらしいんだけど、やっぱすごいプレッシャーだったなっていう。

自由な発想を持ちつつも、日本社会で生活していくには、周囲と同じように就職活動をして定職に就かなければならないと、当時は考えていたようだ。

加えて、就職活動時の問題点として、自信のなさによる自己評価の低さが挙がった。じゅんは就職活動中、〈不本意ながら英語を武器に〉したと語った（じゅんは留年したため就職活動を2回行なっている）。

じゅん：今回にあたっては、英語っていうのを武器にした。っていうのは、留年してるから、留年の言い訳に留学を使いたいので、そうなると、その整合性を取るために、英語できますってした方がいいじゃん。英語できますってした方が、結局採用率が高い。ってなったので、英語っていうふうにして、就職活動でしたね。若干不本意ながら。

じゅんが英語を武器にしたことを「不本意だ」と表現したのは、英語に対するコンプレックスがあるからだ。じゅんは〈チャレンジングな選択はできない〉と言った。

じゅん：就活で、大きな悩みごとというか、たぶん自分のコンプレックスだったなと思うのは、英語だね。なんか留学とかを経てさ、自分、英語できないじゃんってなって。そうなると、あと就活ではさ、英語ができる体で行くと有利じゃん。でも、そのとき、今でも、いまだにそれを引きずってるんだけど、英語できないって思ってるから。例えばTOEICの点数が高くても、自己評価が低いんだよね。そうするとさ、チャレンジングなところには行けない、自分はここまでだ。だから何か、チャレンジしていけない。

じゅん：私ね、妹に言われたの。妹は（同じ大学の）商学部なんだけど、就活してて。もったいない就活してるねって。妹からすれば、○○（当該学部）で英語使えて、留学もして、売りにするポイントいっぱいあるのに、何一つ使ってないじゃんって。もったいないって。

仕方ないのよ。自信ないからさ。そこを（英語を）売りにはできない。チャレンジングな会社には行けない。

じゅんの言うチャレンジングな会社とは、世間が羨《うらや》む経歴が得られる華々しいイメージの企業のことだろう。じゅんは、客観的な評価が高くても、自己評価が低い。「どうせ自分はダメな人間だから」という意識から、本来自分がやりたかった仕事というよりも、妥協した選択肢を選んでしまうようだった。

あすかも〈念願ではない就職先〉だと語った。その発言の背景は〈人に誇れることはない〉というネガティブな自己評価だった。

あすか：エントリーシートとかも書けなくて、書くことがないって思っちゃった。なんか別にそんな、あれってさ、いかに自分を、一のことを、いかに上手く十に言うかみたいな感じだなってふうに私は思っちゃって。なんでそんなふうに、自分はそんな人間じゃないのにと思ったんだよね。そんなに人に誇れるようなとこないしって。ちょっと思っちゃってて。だから、自己アピールとかがすごい苦手で。

あすか：なんかこれでいいでしょうみたいな。誰も何も言わんでしょこれで、みたいな感じで。たぶん自分が納得した結果じゃなくて、もうなんとなくこれでもいいでしょう、みたいな。周りからもこれでなんとも言われないだろうなって感じで。今の会社に決まって、そのまま何か流れで入っちゃった。

あすか、じゅんの持つ自信のなさは、明らかに当該学部で生み出されてしまった劣等感が関係していた。「英語ができない」「他人と比べてダメな人間」「大学で何も学んでいない」というネガティブな評価は、就職先の選択にまで侵入してくるのである。

また、「大学での学びが薄い」という認識は、グローバル人材の自覚と関わりがあると考えられる。当該学部の学生は専攻を持たない。そのため、「大学で何をしてきたか」という質問に明確に答えるためには、英語を使って４年間を過ごしたという事実と、留学をしたという特別な経験を前面に押し出すしかない。大学での学びが薄いという背景とその２つの事実が、周囲からのグローバル人材としての認定と、自分はグローバル人材だという自覚を受け入れるように作用するのである。

グローバル人材を自覚するＥＭＩ実施学部の卒業生のグローバル人材像はどのようなもの

で、自身をどう捉えているのだろうか。インタビューの中で語られるグローバル人材の姿は、英語を話せるだけでなく、柔軟な考えを持ち、多角的な視点のある人物であった。

のぞむ：（グローバル人材は）たとえばだけど、自分（が働いている会社）の海外支社とか、その支社で働いてる海外のメンバーとかともちゃんとコミュニケーションが取れて、仕事を進められる人、だと思う。けど、ただ海外に行った経験があるとかじゃなくて、海外のメンバーと仕事ができるしっていうことだと思う。（中略）海外に、もし行くチャンスが（あったら）、だから行きたいし、けっこう私は頑張れる。できる、活躍できるっとまではちょっと難しいかもだけど。

あすか：自分的なグローバル人材は、英語も話せることは大事だと思うけど、なんか、いかにこう、物事を、なんていうか、柔軟にというか、いろんなところから捉えることができて、かつ、他の人の考えも受け入れたりとか、できるところ、人、がグローバル人材なのかなっていうのはすごい思って。なんか、日本人の考え方とさ、外国の人の考え方って、文化の違いとかにもよってさ、違うじゃん。だから、物事を、なんだろう、いろんな方面から捉えられて受けられる人って、必然的に海外でもそういうふうに自分と違うって思ってもやっていける人？　だからもう、そういうのはグローバル人材なのかなっていうのはすごい思ってて。

　自分は英語は、そんな、その辺の人よりかはできるけど、私めっちゃ得意ですっていうほど自信ないから、今までは全然（グローバル人材ではない）って思ってたけど、でもなんか、自分は周りの人がそれぞれいろんな意見を持っててていいと思うし、むしろなんか、他の人と同じ意見の方がつまんなくないみたいに思っちゃうから、そういう意味ではもしかしたら自分もグローバル人材か？　みたいな、感じかな。そうだね。（自分のことをグローバル人材）って言っていいのか分かんないけど、その定義づけのグローバル人材だったら、自分はそうかも、って思う。

じゅん：英語は勉強としてできるのと、それを使って何か価値を生み出すっていうのは別次元の話。英語使える方が、高次元の話をしているわけだから。今の私の状況と照らし合わせると、今の私は勉強ができるだけ、点数が取れるだけ。それを使って何かを成し遂げたりとかは、やってみないと分からない、やったことがない現状で。だから自分のことを

（英語を使うという面では）グローバル人材って正直なところ思わない。（でも）思考と態度は負けないよ、だってそんなもん、グローバル人材よ。絶対そうだと思う。

全員に共通していることは、英語能力が高いことよりも、柔軟性があること、多様性を受け入れる姿勢があることの方が、グローバル人材として重要な要素であると考えていること、そして自身をその点において、グローバル人材であると評価していることである。ただ英語が話せるだけでは真のグローバル人材ではないと考えているようだ。世界をつなぐ人材になるには、様々な意見を受け入れる姿勢が必要であると、当該学部で学んだのだろう。

みずきは〈日本だけに縛られないグローバル人材〉について言及していた。

みずき：本当にグローバル人材って言うんだったら、海外から日本に来たい人とかも取った方がいい。何で日本人が海外に向いてることがグローバル人材かっていう話になっちゃう。だから、たとえば外の人（外国人）が（日本に）行きたいって言ったときに、その人もグローバル人材じゃんっていうことだよね。

筆者：その人を受け入れる体制も、もっと整備しなきゃいけないよねって？

みずき：そう、その人たちもグローバル人材なんだから、なんで差ができるのって。日本人がっていうところに縛られている限りは、グローバル人材なるものは、なんだろう、真の意味では社会としては達成できない。

2言語を操る帰国子女であるみずきらしい考えであると感じた。現在の政策では、日本人をグローバル人材に育成するという姿勢が見て取れる。しかし、日本が今後も成長していくには、日本人、外国人という壁はなくす必要があるということだ。全世界的な視点で社会を捉えている。

それぞれが自身をグローバル人材と捉える一方で、グローバル人材は社会に求められているのだろうか、世の中が求めているグローバル人材像は、自身とは違うのではないかという疑問があるようだった。

みずきは、グローバル人材が必要だとして教育されてきた世代と、上の世代との間に価値観や環境の格差があることが課題であると考えている。

みずき：（グローバル人材という存在を）日本の社会として受け容れられるのか、推進していけるのかっていう、ちょっと現実的な問題というか、何かその上の方のジェネレーションと、我々グローバル人材が欲しいって言われてきたジェネレーションの間で、やっぱり一緒に働くってなったときに、けっこう大きなギャップを感じてしまうことがある。そういうふうに育てられてきてない人と、育てられてきた人との差がね、そこでもろに出てしまうから。このギャップを埋めない限りは、グローバル人材、に対するその課題感みたいなのは消えないと思う。

のぞむは、みずきと同じように、世代間格差があることを踏まえて、グローバル人材の活躍はもっと先の話になるかもしれないと語っていた。

のぞむ：私たちがさあ、もっと50歳ぐらいになって、会社のその管理とかをする立場になれば、もっと本当の意味でグローバル人材が輝けるのかもしれないね。

のぞむの場合、グローバル人材として教育された自分を肯定しつつも、海外との交流が絶たれてしまったら、自分たちが経験してきたことに意味があるのかと疑問に感じていた。

のぞむ：コロナになってさあ、海外に行く機会が減ったじゃん。なんかそういうときにね、私たちが学んできたことが、どれだけ生かされるのかな、今の世の中で、って思っちゃったりするよね。（中略）もしずっと日本にいるんだったら、なんか、別にムダだったとは言わないけど、確かにそんなに自分の能力は発揮されない部分もあるかもしれない。

あすかは、自身やＥＭＩ実施学部の卒業生が考えるグローバル人材の姿と、現在働いている会社を含め、日本社会が捉えているグローバル人材の姿は、少し違うのではないかと感じていた。

あすか：たぶんうちの会社は、そういう意味（多様性や柔軟性という意味）でグローバル謳ってない気がしてて。なんかもう本当に字面（じづら）だけというか。

筆者：英語がしゃべれる日本人みたいな？

あすか：そうそう。みたいな。なんかその、考えが柔軟でとか、全然そういうのを求めてなくて。英語がしゃべれて使えて、もうなんか、文字そのままみたいな、感じをたぶん、グローバルって言ってるんだなってすごい感じて。

あすかは、社会が捉えるグローバル人材像は、英語ができるという側面ばかりが重視されていて、その他の点は特に着目されていないのではないかと考えていた。

これについてはじゅんも同じように考えていた。じゅんの場合、〈グローバル人材としての自己評価と他己評価には乖離《かいり》〉があるという。

じゅん：他己評価、会社からの評価としては、圧倒的にグローバル人材枠で採用されてますので、私自身もそれをね、売りにして就活したんで、なんだろうな、自分と自分の評価と、他人からの評価でちょっとギャップが大きいと思う。その、他人の評価は結局やっぱり、その点数とか学校とか、留学経験とか、そういうその、分かりやすく数値化できるようなものだけで測られてるんだけど。難しいよね。

じゅんの場合、自分自身は英語に対して自信がないと感じているのだが、外的な評価は、ＴＯＥＩＣの点数や留学経験でグローバル人材と安易に評価されていることに大きな差を感じているそうだ。また、じゅんの場合、周囲が期待するグローバル人材のイメージと、自身がかけ離れているとも語っていた。

じゅん：これ偏見なんですけど、グローバル人材というときにぱっと出てくるのが、今までの○○（当該学部）みたいな人たちじゃん。そうすると、陽キャ・パリピじゃなきゃ、グローバル人材のカウントには入らないかもって思う自分がいる。だから、陰キャ（「陰気なキャラクター」の略。言動や雰囲気が暗い・後ろ向きな人の意）でも、グローバル名乗りたい場合はどうしよう。そういう感じ。一緒に仕事ができないかもしれないっていうふうにね。同じグローバル人材、あんた英語の点数いいよねっていう外見の、留学してたよねっていう数字でグローバル人材っていう籠（かご）の中に一緒に摘（つ）み取られて入れられてるけど、同じ籠の中には圧倒的な陽キャ・パリピと、私みたいなゴリゴリの陰キャと、で、かつコンプレックスの塊（かたまり）みたいな奴もいる。その人たち、一緒に仕事して合うかっていったら合わないのよ。なかなかちょっと、なんていうか踏み越えられない壁を、私が建設するだろうし、その私が建設する前に、先人たちが築いた高い壁が、それは別に英語できる、できないじゃなくて、陰と陽の差が、あるので、そういう意味で

> ひとくくりにみんなが期待しているグローバル人材、周りが期待するグローバル人材は、ちょっとなんかフワッとしてるし難しいし、その期待を満たしてあげられるほどのものはないかも、私には、と思う。

じゅんは、自身の性格を根《ね》暗《くら》であると考えている。しかし、世間が捉えるグローバル人材の姿は、陽気で明るい性格の人であると感じていた。じゅんは、その性格の違いによって、世間のグローバル人材のイメージには自身は当てはまらない、その期待には応えられない、と考えていた。

ＥＭＩ実施学部の卒業生の語りからは、グローバル人材であるという自覚がありつつも、働きながら抱く違和感により、グローバル人材である自分の価値を見失いそうになっているようだった。

6．卒業後から現在のまとめ

卒業後の彼らは、まず、日本語使用に問題があった。敬語表現が分からない、語彙の不足、日本語が出てこない、英語に置き換わる、日本語母語話者が使用しない表現または造語を使うこと、が日本語使用の問題点であった。これらの日本語使用の現象が、他者からの指摘や不審な視線を受けることで、問題が不安へと変化していく。この日本語使用の不安は、ＥＭＩ実施学部のコミュニティ外で初めて露見した。

さらに、ＥＭＩ実施学部の文化と日本社会の文化が異なっていることから、価値観、考え方に差があり、会社と自分が合っていないのではないか、社会の一員として認められていないのではないかという不安が現れている。

彼らは、周囲との違和感をはっきりと感じていることから、「普通の人と自分たち」と明確に線引きをしている。ときには他者から「変な人」と認識され、その原因は、文化の相違、言葉遣いの違い、言語行動の違いから生じているようであった。重要なことは、他者がＥＭＩ実施学部の卒業生に対して、「異なっている」という事実を、負の評価と共に彼らに向けていることが、社会からの不承認になっていることである。

彼らは、自分たちがグローバル人材であると明確に自覚していた。彼らの考えるグローバル人材とは、英語を使えるだけでなく、柔軟な考えと多角的な視点を持つ人である。グローバル人材という自覚のもと、海外で働きたい、英語を使用して仕事をしたいと就職活動を行なっていた。

一方で、英語に対する自信のなさや、自身のコンプレックスを抱えながらも、日本社会に対してグローバル人材である姿を前面に出す他ないという苦悩も見られた。そのようなネガティブな刷り込みは、彼らを不本意な選択へと誘導していた。

加えて、彼らの考えるグローバル人材像と、日本社会の求めるグローバル人材像には、乖離があるようだった。世界をつなぐ人材になるには、ただ英語が話せるだけではなく、様々な意見を受け入れる姿勢が必要であると、彼らはＥＭＩ実施学部での経験を通して学んでいる。しかし、日本社会が捉えるグローバル人材像は、英語能力が最重要視されているようだと彼らそれぞれが感じていた。

彼らは、グローバル人材としての自覚と、日本社会への違和感により、自身の価値を見失いつつある。社会から承認を得られていないのである。

補論

帰国子女・みずきの経験と私の経験

（1）「憧れられる」側だって大変なんだ――帰国子女・みずきの場合

ＥＭＩ実施学部の卒業生は、在学中に、帰国子女や留学生との能力の差を目《ま》の当たりにし、劣等感を抱くようになる。英語に対してコンプレックスを抱く人にとっては、英語を自在に操る帰国子女たちは憧れの存在なわけだ。

しかし、その「憧れられる」側の帰国子女は、どのような感情を持っているのだろうか。英語にコンプレックスのある人から見えるキラキラした世界だけが広がっているのだろうか。

ここからはインタビューに協力してくれたみずきの経験を、少し掘り下げたいと思う。

ＥＭＩ実施学部入学前の話――環境に馴染めない辛さ

みずきはご両親共に地方出身で、みずきも9歳まで地元で生活していたが、9歳から15歳の手前まで、ご両親の仕事の関係でアメリカのミシガン州に3年、カリフォルニア州に2年滞在している。

みずき：アメリカでは現地校（その国の子どもが主に通っている学校）に通ってた。月曜から金曜まで現地校に行って、土曜日に日本人学校っていうパターン。
筆者：日本人学校ではどんなことを勉強してた？
みずき：普通に、日本の学校の子と同じことやってた。英語以外、算数、国語、理科、社会。6時間のうち国語と算数が2時間ずつで、理科と社会が1時間ずつ。
筆者：国語はどんなことをするの？
みずき：日本のあの教科書を使う、おんなじだよ。
筆者：そうなんだ。別にその、日本語の勉強とかじゃないんだ。
みずき：じゃないじゃない、全然。1年生だったら1年生の教科書。4年、5年、6年、中1、中2とやって、ずっと、だから土曜日は日本人学校に通ってた。

みずきは、いずれ日本に帰国することが確実であったため、日本人学校に通い、日本にいる子どもたちと同じ内容を勉強したそうだ。月曜日から金曜日までの全ての日に開講されている日本人学校は、当時、みずきが住んでいた地域にはなかったという。

親の海外赴任のために外国に行くことになった子どもたちは、滞在先でどのように勉強するのかは親の判断に委《ゆだ》ねられるところが大部分だ。みずきの場合はご両親が、いずれ日本に帰るのだから、日本にいる子どもたちと同じように知識を身に付けてほしい、日本人の子どもとして育てたい、という思惑があったのではないだろうか。

アメリカ滞在で英語能力を得つつ、日本人としての教育も受けたみずきだったが、日本へ帰国後の学校生活は穏やかではなかった。

筆者：日本に帰ってきてから驚いたことはある？

みずき：やばって思ったことは、（中学のとき）普通に学校から帰ろうと思って（校舎の外を）歩いてたら、廊下の階段の踊り場に窓あるじゃん？　そこから「バケモンッ！」って叫ばれたことが一番衝撃的だった。

帰国したみずきは、地元の公立中学校に転入した。転入生そのものが珍しかったうえに、海外から来たということが異質感につながったようだ。

みずき：「内と外」の文化を強く感じた。ちょっといじめっぽかったし。

筆者：そんなことあるんだね。

みずき：地方の公立の中学校なんてほんとに閉鎖的だから。それ（バケモンと呼ばれたこと）が一番ショックだったな。

みずきは、周囲から異質と捉えられた原因を次のように語った。

みずき：海外からの転入生じゃん。しかも制服が間に合わなくて、そのとき、周りと比べて体も大きかったし、登校初日に私服で行ったんだよね。それで第一印象のインパクトが大きかったんだと思う。全く馴染《なじ》んでなくて。アメリカンサイズの、アメリカンな雰囲気が日本人じゃないっていう決めつけというか。それに付随《ふずい》して、日本語（できないという意味で）やばいんじゃない？　みたいな決めつけを持たれて。

みずきは、地元の人との違いから、勝手なイメージを持たれてしまった。それはみずきに「内と外」という大きな壁を感じさせた。前述のとおり、みずきはアメリカで現地校に通いつつも日本人学校にも通い、日本人の子どもとしての教育も受けている。みずきは自分を異質物と捉えた環境に苦い感情をぶつけた。

みずき：田舎の（人にとっての）外国のイメージって、とにかく遠いところっていう感じなんだよね。外国人は全く違うもの、日本語はできないものっていう固定されたイメージが強くて。だから学校では話しかけづらい、話しかけない。「これ分かる？」とか好奇心と嘲笑《ちょうしょう》を含んで聞かれて、「分かる」って言えば、「外国人なのになんで分かるんだ」って顔されるし。でも自分のなかではちゃんと勉強してきたし、なんなら君たちより日本語のレベル高いよって感じてた。私は日本人で、外国人ではない。「外人」っていうふうに決めつけられるのが苦痛だった。「外人」っていうのは外国人っていう意味だけじゃなくて、差別的な意味が含まれてる。

アメリカから帰国し、すぐに地元の中学校に転入したみずきは、「生きづらさ」を感じていた。学校生活で感じた疎外感は「いじめっぽい」ものもあり、みずきは「いじめっていっても軽い仲間外れくらいだったけど」と言ってはいたものの、15歳の子どもにとって、その経験がかなり苦痛であったのは間違いないだろう。だからみずきは、日本での中学校生活を

「生きづらかった」と振り返っているのだ。

いくら「外」から来た人であっても、自分たちとは違う雰囲気を纏《まと》っていても、「バケモン」と呼んでいい理由にはならない。しかし、そのような異質なものに対しての拒否反応には根深い環境の問題があるようだ。

みずきの語りから考えられることの一つに、地方と東京での海外に対する意識の差がうかがえる。みずき曰く、地方と東京では帰国後の学校の選択肢の数が違う。東京ならばそもそも学校の数が多いので、私立なのか公立なのか、さらにそれぞれ何に注力しているのか、学校の特徴を吟味《ぎんみ》することができる。みずきには当時、学力を維持しつつ、自宅から通える距離にある中学校は公立しか選択肢がなかったという。

また、公立だとしても、地方と東京では、海外との接点の母数が違うとみずきは言う。たしかに東京では、海外から来た方を見かけることは全く珍しくないし、外国文化に触れられる機会も格段に多い。みずきは、「帰国子女の枠がある学校に行ったほうが、（生きづらさという面で）よかったと思う。なかったけど」と振り返っている。地方と東京の間にある海外に対するイメージの差異を解消することが、日本の多様性の幅を広げるための課題なのかもしれない。

みずきは、過去に苦痛な経験をしつつも、現在はそれらを咀嚼《そしゃく》し、「生きづらさ」の経験が多様性への理解へとつながっているという。帰国子女の中には、帰国子女というプライドを存分に振りかざす人もいるようだが、みずきはそのタイプではない。みずきは「生きづらい」という経験で、世の中には様々な思考を持つ人がいると学んだそうだ。

みずきは、帰国子女というブランドが負の方向に働くことがあることを知っている。だから「外国人かぶれの帰国子女ではない自覚がある」と、海外の経験と雰囲気を前面に押し出すことはしないようだ。みずきは経験を振り返って次のように言った。

みずき：外国人になりたいんじゃなくて、ベースは日本人で、外国人の気持ちが分かる人でありたい。

あくまでもみずきの根本的な意識は日本にあるのだ。

在学中の話——やっと自分を認められた

ＥＭＩ実施学部入学前に苦い経験をしたみずきだが、入学後、「この学部に入って正解だった」と思った」と語る。

みずき：あの学部って、英語が好きな人が集まる学部だと思うんだよね。
筆者：うん、そうだね。
みずき：だから（入学して）やっと、自分のアイデンティティを肯定してもらえた気がした。

純ジャパの学生にとっては、劣等感や無力感を得た少々苦しい思い出もあるＥＭＩ実施学部だが、みずきのように海外経験が豊富で、それまでに窮屈な学校生活を送っていた人にとっては、同じような経験をした人がたくさんいて、英語ができることが直接評価される環境は、自分を認めることのできる「生きやすい」世界だったわけだ。

みずきの在学中の話は、第3章ですでに述べているため、ここでは詳しくは書かないが、同級生の私から見ても、当時のみずきは輝いていて、学生生活を謳歌しているようだった。

卒業後の話——現在の苦悩とこれからについて思うこと

さて、そんなみずきだが、現在はＥＭＩ実施学部を卒業し、就職して3年が経とうとしている。現在の働いている自分について、みずきは次のように語る。そこには現在の苦悩が現れていた。

みずき：新卒1、2年目は英語を特に使うこともなく、ただ日本語が変な、使えない新卒なんだよねぇ。

みずきは、英語能力を自分の価値として就職活動をしていた。しかし、就職してすぐに英語を使って仕事をするわけではなかった。さらにはみずき自身の日本語の拙《つたな》さを感じ、帰国子女としての経験と、ＥＭＩ実施学部での経験による日本語の不安が現れている。

筆者：仕事関連で困ってることはある？

みずき：見た目が日本人なのに、なんかちょっと違うと思われてるんだよね。上司にも「なんか変」って言われてて、でも具体的にどこが変なのかは言語化されない、してもらえない。どこが変なんですかって聞いたこともあるんだけど、「変って言われてどこが変か聞き返すのがそもそも変」って言われたんだよね。

みずきは、日本人としてのアイデンティティを持っているものの、他者からは、普通の日本人と違ってちょっと変と評されているようだ。

同じような経験は前述のとおりのぞむもしていた。海外経験がある人、ＥＭＩ実施学部で学んでいた人が「ちょっと変」と評されてしまうのは共通のようだ。そしてその「変さ」を具体的に伝えてもらえないのもまた同様である。

このようにして、ＥＭＩ実施学部の卒業生は、「普通の人と私たち」という線引きを行なっていく。そしてそれは周囲と馴染めない疎外感となっていくのだ。

また、みずきは、普通の日本人と違うことから、直接的に悪意を向けられたこともあるそうだ。

みずき：国内だけに目を向けている人と、海外にも目を向けている人とでは、思考の回路が違うと思う。ドメスティックな思考の人とはたぶん合わないんだよね。そういう人に仕事中、面と向かって「嫌い」と言われたこともあるし。

多様性が謳われる現代社会において、面と向かって「あなたのことが嫌いだ」と言う大人もどうかと思うが、「普通の日本人とちょっと違う」ことが受け入れられない人には、嫌悪感を持たれてしまうようだ。

仕事をする中で、内に向かった思考の人と対峙《たいじ》したみずきは、ここでもやるせなさと息苦しさを感じていたようだ。現在は仕事内容が少し変わり、チームのメンバーも海外経験が多いなど、外向きの志向の人たちと仕事をしているため、精神的な苦しさは軽減されたようだ。

就職活動をするときは、海外経験があるほうが、より評価されるような風潮がある。私自身もそのように言われていた。

しかし、海外経験がある、外向きの思考を持っていても、それは実際の労働環境では百パーセント肯定的に受け取られるわけではない。そのために、ＥＭＩ実施学部の卒業生には、アイデンティティの揺れが生じ、自分自身について思い悩むようになるのだ。

先述したように、みずきは現在、就職して3年目に入り、ようやく自分の英語能力を生かせるような、海外と関わる仕事をしている。しかしそこには複雑な心境があるようで……。

筆者：いまの仕事についてはどう思ってる？

みずき：やっと英語を使って仕事してるけど、社会人として成長したって感じは微妙かな……英語って、ただツールなだけで、結局お客さんは日本人だし……。

みずき：グローバルってあるに越したことはないけど、必須ではないかなって……。

みずきは、自身のグローバル人材としての価値が揺らいでいると感じているようだ。仕事をする中で英語を使うことは求められるものの、根本的には、社会の歯車として機能するためには、日本人としての態度を保持していなければならない。「普通の日本人」と違うことが邪魔をしてくるのだ。

みずき：ちょっと前に、ヨーロッパに出張に行く機会があって、現地の人と食事会をしたんだけど、そういうときの外国人との立ち回りは慣れてるというか、他の日本人よりも身に染みてるから上手くできるんだよね。でもそれって、日本での業務にダイレクトには関わってこないじゃん。

みずきにとって、日本で働くことは、少し窮屈なのではないだろうか。その原因は、日本独特の企業文化や、仕事で求められる日本人らしい態度にありそうだ。

　みずきは、自身が現在の環境で「変」と思われてしまう原因を、以下のように考えている。

筆者：「変」って言われちゃう理由に心当たりはある？

みずき：日本で英語を勉強してきた人って、英語を英語で理解してるっていうよりは、英語をまず日本語で理解して、それをまた英語に直してると思うんだよね。でも帰国子女は英語を英語で理解してると思ってて。だから、本質は一緒でも、「英語人格」と「日本語人格」がいる。純ジャパの人は、日本語で1回考えてるから、人格が一緒でしょ？　困ったことに、（自分は）どちらかの人格のときにぐちゃってしまうんだよね。日本人としての人格のときに、突然、英語人格が出ちゃったり……だから変な人と思われるんじゃないかな。

　英語と日本語、両方の環境で育ったみずきは、英語を話すときの人格と、日本語を話すときの人格が異なるという。言語とその言語で構成された文化とは、密接に関わっていることがうかがえる。そしてやはり、みずきの言う「英語人格」時の態度では、周囲から怪訝《けげん》な顔をされ、それが環境に馴染めない不安につながっているようだ。

みずきの現状から考えると、日本はまだまだ多様性を受け入れる社会とはいえないのではないだろうか。見た目が日本人の帰国子女でも異質と扱われるのだから、外国人材ともなれば、さらにギャップと不安を感じることだろう。

みずきは、自身の将来について、海外で日本語を教えてみたい、と語る。

日本語と英語、双方の苦悩を知り、多様性を実感したみずきは、自分ならば相手の気持ちを想いながら言語を教えられるのではないかと考えている。

ここで注目すべきことは「海外で」「日本語の」先生だということだ。日本で英語の先生、ではない。みずきが日本語を教えたいと考える理由は、海外経験があろうとも、根本的に日本が好きで、日本人としてのアイデンティティがあるからだ。しかし、日本での働く環境に違和感を覚えるみずきの視線は、国外に向いている。

みずき：皮肉だよね。さんざん日本人としてのアイデンティティがあるって言っておきながら、最終的には日本に見切りをつけて海外に行こうとするなんて。

みずき：私だけじゃなくて、海外に目が向いてる人は、海外に行ってしまうと思うんだよね。

確かに、みずき以外の私の友人で海外経験のある人は、一度は日本で就職したものの、海外に目を向けて別の道を歩む人が多い気がする。みずきは、自身もその一人であり、そうなってしまうのは仕方ないと思いつつも、この状況を憂えている。私もそう思う。

郷に入っては郷に従え、慣れろ、という声も挙がるだろう。しかし、その同化には何の意味があるのだろうか。内向きな日本に、明るい未来は訪れるのだろうか。

教育を受けた、日本人としてのアイデンティティのある日本人が、日本を見限る、という、人材の流出の問題をなんとかしなければならないと私は思う。そしてその原因でもある社会構造にも疑問を投げかけなければならない。

みずきの経験のまとめ

英語にコンプレックスのある人から見れば、輝かしい帰国子女であるみずきの半生は、こちらからは見えない苦労でいっぱいだ。9歳で渡米し、突然、英語の環境に放り込まれた衝撃と、他の子どもたちが遊んでいるときにも日本人としての勉強をするという負担。アメリカに滞在している間は、おおいに努力したことだろう。

しかし、日本に帰国して得たのは、部外者を見る不愉快な視線だ。生きづらさを感じつつもようやく入学したＥＭＩ実施学部で、本来の自分を肯定できるようになる。

しかし卒業後は、日本語の不安と周囲からの負の視線から、窮屈さを感じ、再び海外へ視線を向けるようになる。日本が好きであるにもかかわらず、だ。

みずきが抱える悩みは、日本が抱える問題と密接に関わっているといえるだろう。

（２）私（筆者）の経験

今度は私自身について述べよう。私も、インタビューに協力してくれた方々と同様、ＥＭＩ実施学部を志望した理由は、〈留学したかった〉からであり、〈英語に対する肯定的な姿勢〉があったからであった。

私に〈英語に対する肯定的な姿勢〉があったのは、〈家庭内の英語環境〉に理由がある。

私が２歳になる前の頃、母はずっと夢だった海外留学をしようと思い立った。父一人に私を預けて飛び立つには不安があり、私も一緒に連れて行ってしまおうと母は決意する。

子どもの成長は凄《すさ》まじいもので、特に何も教えていなくても、あっという間に英語を理解し始め、母と会話するときは日本語、それ以外は英語を話して生活していたそうだ。残念ながら私には当時の記憶は全くなく、日本に帰国後すぐに、英語は忘れてしまった。

本格的に英語の勉強をし始めたのは、小学校5年生で高校受験のための塾に入ってからであった。高校受験のための塾なので、当然、英語の授業もあり、その先生がとてつもなく怖い先生だった。そのため、怒られないように、怒られないようにと、一生懸命勉強したのだった。幼い頃の経験もあってか、英語力はぐんぐん伸びていった。

学校生活はというと、私は名前が珍しいことと、体が大きかったことで、いじわるな上級生、同級生によくからかわれていた。特に上級生からはいじめに近いこともされ、今でも思い出すと、その上級生をコテンパンにして山奥の小屋に閉じ込めたくなる。そんな状況かつ、公立の学校でありがちな、英語の授業で発音良く話すとクスクス笑われるというのもあり、積極的に英語を話すことはなかった記憶がある。ただ、塾で恐怖政治を敷かれていたおかげで、中学校での英語の成績は常に良かった。その点では同級生から一目置かれていたような気がする。

志望していた高校に無事合格し、高校3年間でも特に注力しなくても英語のテストの点は良かったので、英語は変わらず得意な状態であった。学校生活に不満がなかった……わけではないが、思い出すとまた誰かを山奥の小屋に閉じ込めたくなってしまうので忘れておく。

大学の志望学部は、高校入学前に決まっていて、そのために高校を選んだ。英語が得意だったこと、母も留学していたことが、ＥＭＩ実施学部を志望する動機につながっている。また、高校２年生のときに母に連れられ、スウェーデンとデンマークに福祉事業の見学に行ったこと、さらに翌年、一人でもう一度、スウェーデン、デンマークに行ったことで、海外留学をしたいと強く思うようになった。

念願叶ってＥＭＩ実施学部に入学することになったが、ご想像のとおり、英語にものすごく苦労することになる。英語が分からず、毎日が地獄だった。先生は何を言っているのか分からないし、周りは英語のできる人ばっかりだし、帰国子女や留学生は主張が強くて怖いし……自分は何てダメなやつなんだろうと思い知った。「英語が得意」という自分の像は、音を立てて崩れ去り、落ちこぼれ学生に成り下がる。

どのくらい落ちこぼれだったか示そう。私が入学したＥＭＩ実施学部には、入学前に英語能力を測るテストがあった。そのテストの成績が悪いと、特別授業に強制的に入れられるのである。見事にそこに入った。だいたい30人くらいのクラスだったので、学年全体（６００人ほど）で、下から数えて30番以内に入っていたことになる。

なぜこんなことになってしまったのか。私なりに考察すると、考えられる原因がある。私は運良く推薦で入学してしまったため、大学受験のための勉強をしておらず、他の人たちが伸ばしてきたであろう語彙力、読解力などを含めたテストを受ける力が抜けているのだ。ちなみに今もテストは苦手である。

私は完全に心が折れてしまった。逆境に立ち向かう力を発揮して、もっと努力すればよかったのだと思う。でも、そんなことをしてもどうせ私は英語ができないんだ、と思うくらいには心が折れていた。はっきりした英語ヒエラルキーの中で、劣等感を植え付けられてしまったのである。

けれども、１年間の留学をしないと卒業できない学部だったので、留学先を選ばなければならない。なぜか（英語以外の）成績は良かったので、その点は問題ではなかったのだが、英語能力が大いに足枷《あしかせ》となった。

私の英語能力では、交換留学生として英語圏に出願できる基準に達していなかった。英語圏に行けたとしても、私費留学で、学費が１年間で３００万円くらい、プラス生活費がかかる（当時１年間の概算を示す資料があった）。無理だと思った。英語能力を短期間で要件に達するまで伸ばす気力はなく、親に大金をつぎ込んでもらうには申し訳なく、何より英語に辟易《へきえき》していた私には、英語圏に行きたいという気持ちは全くなかった。

私は、アメリカ・イギリスなどの英語圏よりも英語の要件が低く、交換留学制度を使うことができ、そして高校生のときに感じた憧れを実現させることのできる、デンマークを留学先に選んだ。ただ、それでも私の英語力は要件のギリギリで、「私はどこにも留学できないのでは……」と毎日不安であった。正式に留学先がデンマークに決まったときには涙が出た。

念願の留学中も、もちろん英語に苦労する。相変わらず英語は分からないし、留学生が受講できる科目の授業にはアメリカ人留学生が多く、完全にアウェイであった。あまりにもついていけず、ある授業で担当の教師から「あなたはこの授業を受講するレベルの言語力に達していない」とはっきりと告げられたこともある。分かってはいたことだが、泣いた。

大変だったのは英語だけではなかった。学校以外で聞こえてくる言語は、当然、デンマーク語で、馴染みのない言語環境に身を置くというのは孤独感が増すのだと実感した。そりゃ情報が入って来ないのだから孤独を感じるのは当たり前だが……。

また、アジア人は少ないので当然目立つ。少し脱線するが、いつか見たインタビュー記事で、日本に住んでいる外国の方が、「日本に来たらジロジロ見られる。差別だ」と発言していたことをとても印象深く覚えている。その記事を読んだのは留学前だったのだが、留学中、なにも日本だけがその限りではないと感じた。デンマーク人は基本、白い肌に金髪碧眼《へきがん》、細身の長身。その中に黒髪のちっちゃいのっぺりとした顔のちんちくりんな日本人（私）が交ざるのだから、目立って当然だ。現地の人からしたら珍しいのだから、視界に入って当然だろう。これを差別とするかしないかは人によるだろう。私としては、仕方のないことだと思いつつも、異質物としてこの世界に受け入れられていないという疎外感と孤独感を感じた。外国人として、マイノリティとして生きるとはこういうことなのだと。

他にも心に引っかかる出来事があり、それはデンマーク語の授業を受けているときであった。その日は学期も終わりに近づき、成績を付けるために筆記のテストを受けることになっていた。辞書持ち込み可であったので、日本語のデンマーク語辞典を持っていった。それを見たデンマーク語の先生が、物珍しそうにその辞書を手に取り、パラパラとめくる。すると突然「¢£%#&□△◆■!?」と何かを大きな声で言った。中国語の発音によく似ていた。

彼はことあるごとに「このトピックについて日本ではどうなんだ」と私に聞いてきていたので、日本語の真似をしたつもりなのだと思う。私は「Why are you speaking Chinese?」と皮肉まじりに言った。するとその彼は、「だって日本と中国と韓国は同じ言葉をしゃべってるんでしょ?」と返した。

デンマーク語、スウェーデン語、ノルウェー語、アイスランド語はとても似ていて、彼らはお互いの言語を理解することができる。ちなみにデンマーク語とドイツ語も似ている。それと同じような感覚で、彼はその発言をしたのだろう。ヨーロッパの、白人の人からしたら、アジアのちっちゃい国のことなんて、どうでもいいんだ、と思いがけない棘《とげ》が刺さった。

じゅんがインタビューの中で〈理解されない文化の違い〉や〈アジア人に対する無意識的な差別〉について語っていたが、これらは私もしっかりと感じた。英語ができないことや容姿が異なることをちょっとだけ小ばかにして、だけど彼らはそれらに対して無意識なのである。

大変なこともたくさんあったし、毎日、日本に帰りたいと思った留学生活だが、とはいえ、数年経った今、振り返ってみると、とてもよい経験だったと感じている。私もインタビューに協力してくれた方々と同じように、ものの見方が変わった。

自身が外国人というマイノリティであったことも、今になって思えば、考えを深化させるとてもよい機会になったし、周辺国をいろいろと旅して、異なる文化を見て触れて感じたことも、私の一部となってかけがえのないものだ。

そのなかでも、私にとって大きくものの見方が変わった出来事が２つある。

留学中、私が住んでいたのは17平米のワンルームだった。貧乏だったので（デンマークに行けば大方の学生が貧乏になる）留学生が借りられる部屋で一番安いところを借りた。ワンルームなのに２人一緒に住まねばならず、イラン人女性と生活していた。彼女は私の10歳年上のＰｈＤ（博士号所有者）の学生で、研究のためにイランからやってきたのであった。彼女も私と同様にお金がなく、いやアメリカによる経済制裁のため、もっと大変そうな暮らしぶりであった。私の人生で初めて、国際政治を目の当たりにした瞬間でもあった。

彼女は毎日、自炊をしていて、謎のイラン料理を大量のスパイスと共に作っていたし、慣れない土地で心細かったのだろう、常に家族や友人と電話をしていたり、ペルシャ語の音楽を聴いたりしていた。プライベートな空間はゼロだ。スパイスの香りが充満し、ペルシャ語に包まれた異国情緒溢《あふ》れる空間では、どこに留学しているんだかよく分からない。デンマーク語よりもペルシャ語を聞いている時間のほうが長かったのではないだろうか。

若干息苦しい空間ではあったが、いや、当時はものすごく耐え忍んだ記憶があるが、彼女のことは好きで、英語のレベルも同じくらいだったので、色んな話をした。印象的だった会話が２つあり、それらが私を開眼させたのであった。せっかくなので紹介させてもらおう。

一つめは、私が、北欧は女性も外に出て働き、男女平等で素晴らしい、と力説していたときであった。女性の社会進出と男女平等を語る私に、彼女は「家で家庭を守りたいと思っている女性も外に出て働かなければならないのか？」と言う。私はハッとした。本当の平等とは、一人ひとりの意思が認められ、尊重されることであると気づいたのだ。一方的に意見を押し付けるだけでは、それがどんなに素晴らしい内容であっても、平等には成り得ない。誰が何をしても、それを受け入れるのも受け入れないのも個人の自由なのである。

2つめは、お互いの国について話しているときであった。彼女とはいつも、お互いの文化や宗教などについての深い話も、つたない英語ながらに楽しく、興味深く話し合っていた。そのときはお互いの国の政治について話していた。

イランについては、日本にいるとあまり良いニュースを聞くことがないが、彼女の口から語られるイランの実情もあまり良いものではなかった。そしてそれに対して、彼女たち国民が不満を持っていることは明らかであった。ひととおり話し終えた彼女は涙していた。彼女はこう続ける。「文化や宗教が悪いのではない。権力に群がる為政者が悪いのだ」と。

私はこのとき、平和に生活している自分はなんて幸せなのだろうと気づいた。遠いところで起きている惨状が、今ここに、あったのだ。

平和ボケした、何にも気づいていない自分は愚か者であった。このときから、日本のために、世の中のために、何かできることをしたいと思うようになった。

さて、留学から帰ってくると、いよいよ就職活動が始まる。私もあすかやじゅんと同様、就職活動が馬鹿馬鹿しく思えてしまった。名の知れた大学だったので、どこかには引っかかるだろうという舐めきった考えもあったし、力を入れて取り組むことができなかった。

しかも、就職活動に有利といわれる英語力を、私はアピールすることができなかったのである。ＥＭＩ実施学部と留学で、自分は英語ができないと自覚してしまったためだ。全くうまくいかない就職活動で、計１００社ほど落ちた。

今思えば、経歴が英語・海外を彷彿《ほうふつ》とさせるものなのに、全く関係のない職種ばかり受けていたのだから、企業も扱いにくかっただろうと思う。しかしそんなことには気づくことができず、気づいたとしても劣等感でアピールできず、不遇な就職活動期間であった。まだ何者でもない学生の間は、何者にもなれない不安で吐き気を催す毎日であった。こちらも今思えば、そんなに悩まなくても大丈夫と言いたいが、それは今の立ち位置の上で言えることであって、ぐらぐらした地盤の上では何を言っても届かないわけだ。

どうにもならなくなった私は、大学院に行く決意をする。大学院に入ってからは心を入れ替え、早くから就職活動をスタートさせ、英語も心苦しくない程度にアピールしたところ、１社目に応募した会社であれよあれよと選考が進み、内定をいただき、今にいたる。企業のマッチングとはこういうことなのか。

現在は本業のかたわら、この文章を書いているわけだが、今のところ会社で、直接、言語的に、文化的に、違和感を覚えたことはあまりない。インタビューで４人から、起こり得ることを聞いていたことで、身構えることができていたのかもしれないし、社風が海外的なことも作用しているのかもしれない。

しかし、日本語の不安は常に付きまとっている。知らない日本語は多いし、曖昧な会話にはついていけないし……。困ったのは、カタカナ英語と本来の英語の意味が若干違うことであった。その語感を合わせるのに少しだけ時間がかかったし、いまだにその問題に直面する。

また、同年代の人とは、そもそも学んできたことが違うのか、みんなが持っている知識には驚かされる。リベラルアーツで広く浅すぎに学んだことを後悔したりしている。

専門知識は大学院で学んだことがあるため、自分を形作る内容物はそこそこ持っているのだが、この経験がなく、ＥＭＩ実施学部での学びのみであったら、本当に自分は何もないんだなと腐っていたかもしれない。いや、確実に腐ってた。本来ならばＥＭＩ実施学部で英語の実力をつけて、それを誇りに思えればよいはずなのだが……劣等感と無力感を植え付けられているため、そういうわけにもいかない。学びで自分を形作る自尊心が得られないというリベラルアーツの問題点が、改めて浮き彫りになっているような気がする。

英語へのコンプレックスもいまだに解消されていない。いつまで経ってもテストは苦手だし、英語をしゃべるようにと言われれば冷や汗をかくし、海外経験のある人を前にすると萎縮してしまうし、勝手に劣等感を抱いている。相手は特に何もしてないのに……。

たまに人前で英語を使って、「英語話せるんだね」と言われたあとに続く、「そんなことないです」は、決して謙遜《けんそん》ではない。自分は全く英語が不得意だと真剣に思っている。「英語できます」と嘘をついたおかげで、現在は少しだけ英語を使う環境で仕事をしているが、毎日、自分の英語力のなさに落ち込んでいる。

このコンプレックスと劣等感は、いつか解消されるのだろうか？　どこで解消されるのだろうか？

私も、インタビューに協力してくれた方々と同じ経験をしているのだとひしひしと感じる。こんな私たちを育成してしまったＥＭＩ実施学部側の大人たちは、どんなことを思うのか気になるところである。

第4章

学生をつぶす日本の英語教育

（1）調査の結果

前章（第3章）のインタビュー調査で分かったことは、以下のとおりである。第2章の最後に立てた問い（リサーチクエスチョン）ごとに、その答えを見ていこう。

1．自信を失う学生たち

〈Q1：日本のＥＭＩ実施学部の日本人卒業生は、ＥＭＩ実施学部に在籍していたことにより、言語意識がどのように変化したか。〉

日本のＥＭＩ実施学部の日本人卒業生は、ＥＭＩ実施学部入学前、自身の英語能力に自信があり、英語ができる人として、周囲・社会から承認されていた。

彼らはＥＭＩ実施学部に対して憧れと期待を抱いていたが、入学後、現実に直面する。英語環境の過酷さや、帰国子女・留学生が作る異文化な空気感によるカルチャーショックに圧倒される。勉強しても追いつけない現実を目の当たりにし、周囲に対して劣等感を抱き始め、メインストリームになれない疎外感が常にあるのだった。ＥＭＩ実施学部の英語に支配された環境が、言語を含む様々なことに対して自信を失わせる原因となった。

留学に差し掛かると、言語面で再び苦労することになる。努力で補える面もあれば、言語能力の低さに直面したり、他者と交われない孤独感・疎外感から英語に対するコンプレックスや劣等感を深める。

卒業後は、英語に対するコンプレックスや、他者に対する劣等感を解消できないまま、社会生活を送る。ＥＭＩ実施学部の過酷な英語環境では、日本語能力が育たず、日本語使用の問題が出現する。ＥＭＩ実施学部の欧米的な文化と日本社会の文化の間には大きな違いがあり、その間にある社会規範との不和が、他者からの否定的な評価と合わさり、現在の日本語の不安へとつながっている。自信の欠如と社会との不和により、英語にも日本語にも誇りを持てない状態である。

２．日本語の不安、日本社会との不和

〈Q２：日本のＥＭＩ実施学部の日本人卒業生が抱く日本語の不安の内容は何か。〉
日本のＥＭＩ実施学部の日本人卒業生の語りから明らかになった日本語の不安の内容は、「日本語使用の不安」と、「日本語使用を前提とする社会規範との不和による他者からの否定

的な評価に対する不安」である。

日本語使用の不安は、日本語能力に関わる不安で、日本語語彙の消失、英語への置換、日本語母語話者が使用しない日本語表現や造語の使用である。これらの日本語使用の現象に対して、他者から指摘を受けたり、不審な視線を向けられることで、不安が湧き起こる。日本語使用を前提とする社会規範との不和による、他者からの否定的な評価に対する不安は、EMI実施学部で教育を受けた人と、そうでない人との間に生じる価値観や慣習の違いから生じる不安である。

EMI実施学部は、英語使用を基本としているため、欧米的な価値観、慣習が根付いている。また多様性を重視しているため、自由な発言、思想が許容されている。そのような環境は、一般的な日本社会の様相とは異なっており、その違いから生じる不和と、不和に対する他者からの否定的な評価、または否定的な評価を受けるのではないかという予想から、不安が生じる。

両不安に共通することは、他者からの視線や評価が関わっていることだ。異質であること自体が問題なのではなく、異質であることに加え、他者から評価されること、そしてその評価に否定的な意味合いが含まれていることが、不安に作用するのである。社会に交わることができない、社会に認められていない、という承認の不安である。

人は、現在の不遇な状況を、過去の負の経験と結びつけるのだろう。日本のＥＭＩ実施学部の卒業生の場合、「日本語を使ってこなかったからだ」と、過去と現在の問題を結び付けるのである。

３．植え付けられる劣等感、低下する自己評価

〈Ｑ３：日本のＥＭＩ実施学部の日本人卒業生が抱く日本語の不安の要因は何か。〉

日本のＥＭＩ実施学部の日本人卒業生が持つ日本語の不安の要因として、第一に、日本のＥＭＩ実施学部の日本人卒業生は、日本語能力が低いことが挙げられる。

日本のＥＭＩ実施学部の環境では、強制的に英語を使うことになる。当然ながら、日本語使用の頻度は激減し、レポートなどで日本語表現を評価されることもほとんどない。そのため、他学部の学生が大学在学の４年間で得るであろう日本語の単語・表現の知識を得ることはなく、日本語の語彙力は低くなるのである。さらに、日本語の単語・表現が乏しい上に、自身の日本語を評価される機会が激減するため、正しい日本語の参照点・準拠点が欠如しているのである。

第二に、日本のＥＭＩ実施学部の日本人卒業生は、日本語で構成された日本文化を知らない。日本のＥＭＩ実施学部は、英語に支配された環境であり、欧米の価値観や思想が主流である。高校を卒業したばかりの18歳の日本人学生たちは、必死にその環境に馴染もうとするため、日本の社会文化・慣習を知る機会は与えられないのである。その状態で、日本社会で就職したＥＭＩ実施学部の日本人卒業生は、日本社会の文化、特に就労時の慣習の違い、価値観の違いに直面する。

第三に、日本のＥＭＩ実施学部の日本人卒業生は、言語に対して過敏であることが挙げられる。日本のＥＭＩ実施学部では、嫌でも日々、英語という言語に触れるうえに、言いたいことが伝わらない、そしてその伝わらないことがそのまま成績として評価される経験をほぼ毎日のように積む。そのため言語認識が高まり、自身の言語に対して高度な評価をしてしまう。つまり、間違えることに過剰に反応してしまうのである。

第四に、自己評価基準の不確立が挙げられる。日本のＥＭＩ実施学部の英語環境での悪影響は、日本語能力が育成されないことだけでなく、学生を劣等感や自己不信に陥らせてしまうことにまで及んでいる。日本語能力が低くとも、文化の違いがあろうとも、それに対して何も感じない、誰に何を言われようとも自分を自分と確立する、確固たる自信があれば、それらの問題は不安にはならない。英語に支配された環境で植え付けられてしまった劣等感や、自分だけが授業についていけていないという孤立感、自分には何の能力もないという無能感、そのような負の感情は、心の発育に悪影響を及ぼしている。現在の自身に対する自信の欠如を導いているのである。

ＥＭＩ実施学部の日本人卒業生は、入学から現在にいたるまで、常に違いに直面し、そのたびにどちらを選べばよいか選択を迫られている。自信が欠如した状態で選択を繰り返すことを何度も経験していれば、自己評価基準が確立しないのは仕方のないことであり、卒業し、社会にもまれることになるのである。

これらの日本のＥＭＩ実施学部の日本人卒業生が感じる日本語の不安の要因は、全てＥＭＩ実施学部の英語環境に起因するものである。

４．「グローバル人材」としての困惑

〈Ｑ４：日本のＥＭＩ実施学部の日本人卒業生は、グローバル人材として教育された自身を、グローバル人材像とどのように照らし合わせているか。〉

まず、日本のＥＭＩ実施学部の日本人卒業生が抱くグローバル人材像は、英語が使え、か

つ、思考や態度においても柔軟性・多様性を備えた人物である。この認識にいたった背景には、ＥＭＩ実施学部で英語を使って多種多様な思想に触れた経験が関わっていた。

そして、日本のＥＭＩ実施学部の日本人卒業生には、明確なグローバル人材としての自覚があった。彼らは、入学前の時点から、英語は将来役に立つ、英語を身に付けることは有利になると言われてきた。就職先の選択においても、英語を使えて、海外と関わりがある仕事を積極的に選んでいる。一方で、英語に対するコンプレックスや、自分自身への無能感を抱えており、グローバル人材の取り柄である英語を前面に押し出すことに抵抗があった。

このコンプレックスや無能感は、ＥＭＩ実施学部の環境で4年間を過ごしたことにより生み出されてしまった劣等感によるものである。ここで生み出された自身に対するネガティブな評価は、就職先の選択に際しても働き、不本意な、妥協した選択をしてしまうのである。

また、グローバル人材としての自覚には、大学での学びの薄さが関わっていた。ＥＭＩ、かつ、リベラルアーツで教育を受けたＥＭＩ実施学部の卒業生には、はっきりとした専攻がなく、学生時代の自身を表すものは、英語で学んできたことと、留学したことの2つとなる。自身の糧《かて》となる2つの事実は、周囲からグローバル人材として認定されると共に、グローバル人材としての自覚に作用する。

前述したとおり、日本のＥＭＩ実施学部の日本人卒業生が抱くグローバル人材像は、英語を使え、かつ、思考や態度においても柔軟性・多様性を備えた人物である。しかし、日本社会の捉えるグローバル人材像は、英語能力のみが重視されているようで、その意識とのギャップに、日本のＥＭＩ実施学部の日本人卒業生は、自身をどう位置付けるか困惑している。

（２）結論——問題だらけのＥＭＩ教育

１．日本のＥＭＩ実施学部の日本人卒業生の日本語の不安

ＥＭＩ実施学部の卒業生の語りから見て取れた、日本のＥＭＩ実施学部の日本人卒業生の日本語の不安は、「日本語使用の不安」と、「日本語使用を前提とする社会規範との不和による他者からの否定的な評価に対する不安」であった。

それぞれの不安に対して、ＥＭＩ実施学部での経験は大きく影響しているだろう。ＥＭＩ実施学部には、もともと英語が得意だった、自信があったという高校生たちが、リベラルアーツ教育を英語で行なう特殊な学部での輝かしい未来を想像して入学する。

しかし、実際は、欧米文化へのカルチャーショック、明確な言語ヒエラルキー、上には上

がいるという現実を目の当たりにする。劣等感を強く感じながらも、英語至上主義の実力社会で生き残っていくには、日本語が消えるくらい英語に没頭しなければならないのだ。

そして、言語ヒエラルキーの中で英語に没頭するということは、学生たちの言語認識を高め、言語に対する高度な評価を生み出す。みずきは、日本のＥＭＩ実施学部の日本人卒業生が、日本語に対して不安を感じる原因を次のように捉えていた。

みずき：たぶんそのＥＭＩ卒とかの人って、（言葉に対して）過剰に心配になってるなって思うところある。（日本語と英語）どっちつかずだなみたいな（ふうに）思うところもあると思ってるから、伝わるかどうかを、すごい気にするとは思う。（中略）日本語で伝わらないとかじゃなくて、英語でも伝わらないとかさ、だから二重の言語で同じようなことやってるじゃんってなったら、不安倍増するよねっていう。単純に2倍、その不安を感じているから。回数が多いよね、不安に思った回数が。言語的にどっちのどちらであれ。劣等感を何回も植え付けられたらさ、そりゃあ、その1個1個の劣等感がもう、多いじゃん。まっさらな人と違うじゃん。っていう捉え方かな。過剰になる。

ＥＭＩ実施学部のような英語に支配された環境では、授業中、テスト、交友関係にいたるまで、いたるところで言語的な劣等感を植え付けられてしまう。その劣等感に加え、英語で「伝わらない」という不安を何度も経験していることが、言語認識を高めている。英語に対する劣等感がありつつ、英語もできなければ、日本語も在学中には学内でほとんど使わないため、大してできないという中途半端な気持ちに気付いてしまう。

劣等感を感じた回数、英語・日本語の両言語に対する自信のなさを感じた回数が、他の学部生に比べて圧倒的に多いのである。それが自分の言語に対する高度な評価につながる。つまり、**ＥＭＩ実施学部で培った負の経験が、言語に対する過剰な過敏さを生み出していて、自身の言語に対して過度な批判をしてしまう**のである。

また、ＥＭＩ実施学部の卒業生は、日本語で構成された日本文化を知らない。「日本の暗黙のルール勉強中」という発言があったように、欧米文化であるＥＭＩ実施学部に4年間浸ったことで、日本文化とは切り離される。卒業し、別のコミュニティに参加したとき、はじめて日本社会に直面する。ＥＭＩ実施学部と日本社会の間の価値観のずれ、文化のずれが、ＥＭＩ実施学部の卒業生と日本社会との不和を生んでいる。

それぞれの不安が生じる背景には、他者の存在があった。在学中も英語という軸で他者からの評価が付きまとい、現在もそもそもの日本語能力が低いことや、価値観・慣習の違いから、他者からの否定的な評価に晒《さら》されている。その否定的な評価は、属するコミュニティからの逸脱を意味し、孤独感、孤立感を生じさせているのである。ＥＭＩ実施学部の卒業生が、日本語の不安について、「在学中は感じなかった」と語っていた理由はここにある。

ＥＭＩ実施学部の卒業生は、「日本語に対する不安」と「日本語使用を前提とする社会規範との不和による他者からの否定的な評価に対する不安」が合わさった結果、「将来への不安」を感じていた。現状を踏まえた将来への心配である。苦労してＥＭＩ実施学部を卒業したものの、英語に自信があるわけでもなく、かといって日本語も完璧に使いこなせているとも思えず、さらに周囲と不和がある。「この先、自分はどうしていったらよいのか」という自信のなさから生じる不安である。

元田（２００５）は、第二言語不安は対人不安の一種であるとしていた。**ＥＭＩ実施学部の卒業生の語りから見て取れる日本語の不安、つまり母語の不安も、元田（２００５）の言う対人不安と同じ理由から生じている。**

加えて、ＥＭＩ実施学部の卒業生は、入学から現在にいたるまで、他者からの承認を得られていない。ＥＭＩ実施学部の卒業生が感じる日本語の不安は、対人不安であり、社会から認められていないという承認の不安なのである。

２．グローバル人材の育成はうまくいっているのか？

グローバル人材の要素を用いて、ＥＭＩ実施学部でグローバル人材が育成できたのかを考察していく。

ここで再度、現在グローバル人材を語るときに用いられるグローバル人材の要素を提示しておく。

要素Ⅰ：語学力・コミュニケーション能力
要素Ⅱ：主体性・積極性、チャレンジ精神、協調性・柔軟性、責任感・使命感
要素Ⅲ：異文化に対する理解と日本人としてのアイデンティティー

首相官邸（２０１２：８）

まずは要素Ⅰ「語学力・コミュニケーション能力」についてだが、おおむね達成しているように見える。

しかし、それは客観的な評価である。事実として、ＥＭＩ実施学部での４年間を英語環境で過ごしていれば、英語能力は向上する。ＴＯＥＩＣや英語検定の成績は一般的な日本人を超えるし、街中で外国人に道を聞かれても、苦もなくコミュニケーションを取れる。

このようなＥＭＩ実施学部の在学生・卒業生を外から見れば、英語能力が上がったと評価するのは当然だろう。現に彼らは、自身の英語力を世間に提示して就職活動をしていた。だが、彼らの本心は「英語はそんなにできない」である。英語に対するコンプレックスが根強く、本来の力を発揮できていないようであった。

この英語に対するコンプレックスについては、帰国子女であるみずきでさえも、「自分の英語は不十分ではないかと思う」と発言していた。ＥＭＩ実施学部の４年間では、英語能力に自信がある人材を育成できなかったといえよう。

このグローバル人材の要素では言及されてはいないが、むしろ、グローバル人材の「語学力」とは英語に限っていると思うのだが、日本語能力についてはどうだろうか。ＥＭＩ実施学部の卒業生の語りからは、日本語使用の問題が表出していた。そして彼らには、日本語の不安がある。グローバル人材を語るときには、言語能力は英語能力ばかりに注目されているが、それは、「日本語は特段注力して教育しなくても、社会の一部として活躍していくには十分に能力が育成されるだろう」という慢心が現れているのではないだろうか。

グローバル人材の要素Ⅰには「語学力・コミュニケーション能力」としか提示されていないため、「その能力を有していること」なのか、「その能力が高いこと」なのかは分かりかねるが、どちらにせよ、英語能力においては精神的に、日本語能力においては言語使用的に不十分であるといえるだろう。

要素Ⅱ「主体性・積極性、チャレンジ精神、協調性・柔軟性、責任感・使命感」については、これもおおむね達成していると考えられる。ＥＭＩ実施学部の卒業生の捉えるグローバル人材像が、「英語が使え、かつ、思考や態度においても柔軟性・多様性を備えた人物」であることから、要素Ⅱについては、重要性を理解し、自身もこれらの能力が身に付いたと感じているということであろう。

しかし、この要素Ⅱに挙げられた能力について、ＥＭＩ実施学部の卒業生の語りから分かることは、ＥＭＩ実施学部で得てしまった自己評価の低さと、このような要素を表に出したとて、「変な人」として扱われることが合わさって、積極的に表には出していないようだった。要素Ⅱについては、達成しているけれども、様々な理由により現在はそれらの能力を発揮していない・できないといえる。

要素Ⅲ「異文化に対する理解と日本人としてのアイデンティティー」についてであるが、そもそもなぜ、「異文化に対する理解」と「日本人としてのアイデンティティー」が同列に提示されているのだろうか。ＥＭＩ実施学部の卒業生の語りからは、「異文化に対する理解」はもちろん達成しているといえるだろう。しかし、「日本人としてのアイデンティティー」とは何を指しているのだろうか。日本のカルチャーに精通していることだろうか。

　これについては、達成度は微妙である。日本のＥＭＩ実施学部に入学する学生は、そもそも欧米の文化を好んでいる場合が多いため、日本の歴史やカルチャーに精通しているかは個人の範疇《はんちゅう》である。では、日本の文化を知っていることであろうか。これについては、文化を何とするかによるだろうが、少なくとも日本の企業文化については、ＥＭＩ実施学部の卒業生の語りからは、習得していないと分かる。

　筆者は、要素Ⅲにおける「日本人としてのアイデンティティー」とは、「日本人であれ」という強調なのではないかと考える。つまり、今後の日本の成長のためには、革新的な発想をしては欲しいが、日本が尊ぶ「和」は乱さないで欲しい、という意味なのではないだろうか。異文化に対する理解はあっても、自身の中にある異文化は許容せず、「普通の日本人」として存在しなければならないという矛盾である。要素Ⅲの「日本人としてのアイデンティティー」が「日本人であれ」という意味ならば、ＥＭＩ実施学部での能力育成は達成できていないだろう。なぜなら彼らは、語りのなかで、自身の中の「多様性」と葛藤していたからである。

みずきが語りのなかで、「本当にグローバル人材っていうんだったら、海外から日本に来たい人とかも取った方がいい」「日本人がっていうところに縛られてる限りは、グローバル人材なるものは」「真の意味では社会としては達成できない」と語っていたように、グローバル化の背景にあるグローバリゼーションは、日本だけで対応するものではない。本来ならば世界の一員としての態度をとらなければならないのである。

しかし、要素Ⅲに見る「日本人としてのアイデンティティー」は、日本が内向きに縛られている証拠である。

筆者が言及したいことは、これらⅠからⅢのグローバル人材の要素は、経済産業界の上層部には重要であっても、ＥＭＩ実施学部の卒業生が実際に働く企業、現場においてはさほど重視されていないのではないかという点である。グローバル人材の本質を理解しないまま、「グローバル人材」という言葉を流行のままに字面だけで使用してしまってはいないか。だから、働く現場とＥＭＩ実施学部の卒業生の間に、不和が生まれるのではないだろうか。

結論として、グローバル人材の育成という、英語に対する偏重と、曖昧な能力の提示で、ＥＭＩ実施学部の学生は振り回されてしまったのである。その結果、言語能力の不成熟と日本社会との不和を生み、最終的に「日本語の不安」になるのである。

3．ＥＭＩ実施学部への提言

本項では、これまでの調査や考察を踏まえ、日本のＥＭＩ実施学部に対して提言を行なう。これまでの結果から見て取れることは、複数言語話者を育成するためのグローバル人材教育が、結果として日本語の不安を生んでしまい、さらには偏重して重視していた英語能力でさえも、精神的なわだかまりから、能力を発揮できていないという点である。

筆者が日本のＥＭＩ実施学部に対する提言として挙げることは、日本語を使う機会を増やすことである。ＥＭＩ実施学部の卒業生の語りで共通していることは、「在学中にもう少し日本語を使えればよかった」と言っていたことであった。このような後悔を踏まえて、日本語に不安を持つ日本人に対し、日本語教育を行なう余地は十分にある。

ここでは、その、日本語を使う機会を増やすための方策として、４つの提案をする。

①ビジネス日本語教育の授業の導入

ＥＭＩ実施学部の卒業生の語りから見えてきたことの一つとして、彼らが日本語に不安を覚えたのは、働く環境に移ってからであった。語りから現れた不安の要素としても、「仕事の知識がない」「働くときの日本語を知らない」という意見が挙がっていた。

ビジネス日本語教育をＥＭＩ実施学部で行なうことによって、他者からの不審な視線や否定的な評価の理由の一つでもある、言葉遣い、メールの書き方、資料の作成などを含めた、日本式のビジネスマナーの知識が得られ、ＥＭＩ実施学部卒業後にぶつかる壁を取り払ったり、日本社会の文化に参入する際のハードルを低くしたりできるのではないだろうか。

ビジネス日本語教育は、外国人労働者が日本企業で活躍し、社会に馴染むために重要な知識となるが、外国人労働者だけでなく、日本語の不安がある日本人にとっても、日本社会で生き抜くためのスキルとなるだろう。

②学術日本語の授業を必修化

４年間を英語環境で過ごすＥＭＩ実施学部の学生は、日本語での文章の書き方を知らない。もちろん、高校までを日本で過ごした日本人学生は、ある程度の文章力を身に付けているであろうが、大学以上のレベルの学術的な日本語を学んでいないということは、その後の社会生活において必要になる、日本語での論理的な思考、文章の構成が得られないことと同義である。

英語での学術的な文章の書き方は学んでいるであろうし、能力として用いることはできると考えられるが、それは欧米的な思考法で、欧米的な構成によるものだ。日本語で、という点が日本社会で生き抜くため重要な点になる。

また、学術日本語の授業を必修化する場合、ＥＭＩ実施学部の学生にとっては、数少ない日本語を使う機会となる。ＥＭＩ実施学部の卒業生の語りにあった「日本語を書いてこなかったから」という後悔を軽減する、日本語を書き、評価される機会になると考えられる。すでに学術日本語の授業を、必修科目や選択科目としている大学もあるだろう。しかし、筆者が卒業したＥＭＩ実施学部は、学術日本語の授業は必修ではなかった。

ＥＭＩ実施学部で学術日本語の授業を一律で必修にすれば、ＥＭＩ実施学部の日本人学生にとって、日本語を使って評価される機会と、日本社会で生きるための生涯使えるスキルを獲得することになる。

③授業内容に日本語を取り入れる

グローバル人材育成の目的は、複数言語話者を育成することだ。しかし、ＥＭＩ実施学部では、圧倒的に日本語を使う機会が少なく、日本語能力の側面はなおざりにされている。その状況を改善しつつ、英語能力の側面を継続して伸ばしていくためには、現在の授業内容を変化させざるを得ない。つまり、授業内で日本語を使う頻度を増やすということだ。

たとえば、教材として使用するものは日本語で、ディスカッションに用いる言語は英語でというように、目的によって使用言語を変化させるというのはどうだろうか。全ての授業内容を2言語使用に変えることは不可能であるが、このような授業形態がいくつかあるだけでも、日本語を使う機会が増えるし、上記のような2言語使用形態の場合、日本語の語彙力が増えるだろう。なにより、劣等感を生む原因でもある「何も理解できない」という状況を減らすことができる。

④企業インターンの推奨

ＥＭＩ実施学部の卒業生の日本語の不安の要因の一つに、日本の企業文化を知らないということが挙げられていた。欧米的な環境から日本企業の環境にいきなり入るよりは、企業でのインターンを在学中に行なうことで、日本企業の文化を知り、文化の違いに直面して思い悩むことを軽減できるのではないだろうか。

ＥＭＩ実施学部の学生は、その圧倒的な英語環境により、他学部の学生よりも、就職後の文化の違いによる衝撃は大きいだろう。現在もインターンを推奨している学部機関はあるだろうが、単に就職活動を目的とした理由ではなく、なぜ企業インターンが重要なのか、学部自体が理解し、それを学生に周知しなければならない。企業インターン参加者を増やすために、インターンの経験を単位に換算するといった方策も取れるだろう。

（3）今後の展望

本研究では、日本の大学のＥＭＩ実施学部で、グローバル人材として育成された、日本語に不安を持つ日本人卒業生が、そうした不安をいつ、どのように感じたか、その要因は何か、ＥＭＩ実施学部で言語意識がどのように変化したか、そしてグローバル人材をどのように捉えて自身と照らし合わせているかを明らかにした。そして最後に、日本のＥＭＩ実施学部に対して、提言とその方策を提示した。

本研究の調査は、ＥＭＩ実施学部の卒業生４人に対して行なったものであり、この結果が全てのＥＭＩ実施学部の卒業生に共通するものではない。そのため、一般化はできない。そして結論で示した提言とその方策が、本当に、ＥＭＩ実施学部の卒業生の日本語の不安の軽減に作用するかは分からない。これらの点が本研究の限界である。

今後の研究では、調査を行なうＥＭＩ実施学部の環境の違いに注目したり、調査人数を増やしたりなど、多様に調査の変数を変えることができ、一般化や新たな知見が得られるであろう。日本語母語話者の日本語の不安を扱った研究はまだ少ないため、今後も継続的な研究が望まれる。

おわりに

冒頭でも述べたように、本書は私の個人的な経験がもととなり、執筆にいたった。

本書はタイトルに「英語」の文言が書かれていることもあり、この本を手に取った多くの人が「これは英語に関連する本なんだ」と思ったであろう。にもかかわらず、「日本語の不安」を説いている。読者をだましてしまったようで、若干の申し訳なさがある。

本書は2023年3月、早稲田大学大学院日本語教育研究科によって承認された修士論文に加筆、修正したものである。

実のところ、大学院在学中の修士論文執筆時には、様々な人から、「これは日本語教育なのか?」「英語教育の課題ではないか?」とさんざん言われていた。確かに自分で書いていている途中にも、「ああ、これは英語教育に対する文句だなぁ」と思いながら書いていた。修士論文では「日本語」というタイトルを付けながらも、中身では英語環境の辛さを書き、本書ではタイトルに「英語」という言葉を使い、日本語の不安があることを説いている。

これは矛盾なのではなく、それぞれの言語は複雑に、密接に関わり合っていると理解してほしい。

私自身も初めは、英語初級学習者だった頃は、こんなことになるとは思っていなかった。もっと英語は流暢《りゅうちょう》になっているはずだったし、日本語に緊張感が走ることなんて一生ないと思っていた。でも現状、私が操る（操れていない）ことばには不安がある。

ここで本書の全体像をいま一度まとめておく。

本研究の目的は、日本の大学のＥＭＩ実施学部でグローバル人材として育成された、日本語に不安を持つ日本人卒業生のＥＭＩでの経験の振り返りから、就労時の「日本語の不安」の原因を明らかにすることであった。その上で、日本のＥＭＩ実施学部に対する提言を行なうことが本研究の目的であった。

まず、日本のＥＭＩ実施学部の卒業生が日本語の不安を感じるときは、ＥＭＩのコミュニティから外れ、別のコミュニティに属したときであり、就労時であった。

日本語の不安は２つに分類され、日本語使用の不安と、日本語使用を前提とする社会規範との不和による、他者からの否定的な評価に対する不安であった。

２つの不安は、他者からの不審な視線や否定的な評価を受けること、またはその予想から生じていることが共通していた。不安の要因は、日本語能力が低いこと、日本語で構成された日本文化を知らないこと、言語に対して過敏であること、自己評価基準の不確立であった。これらの要因は、全てＥＭＩ実施学部の英語環境に起因している。英語に偏重した結果が、ＥＭＩ実施学部の卒業生の日本語の不安を生んでいた。

このような日本語の不安を創り出した背景には、ＥＭＩ実施学部の英語環境があり、ＥＭＩ実施学部の卒業生の言語意識は入学と共に変化していく。

ＥＭＩ実施学部の卒業生は、入学前には、自身の英語能力に自信があり、それを周囲から認められていた。しかし、入学後、英語環境の過酷さや、カルチャーショックに圧倒され、周囲に対して劣等感を抱き始め、言語を含む様々なことに対して自信を失った。留学先では、言語能力の低さに直面したり、他者と交われない孤独感・疎外感から、英語に対するコンプレックスや劣等感を深めていた。

卒業後は、英語に対するコンプレックスや、他者に対する劣等感を解消できないまま、社会生活を送っている。自信の欠如と社会との不和により、英語にも日本語にも誇りを持てない状態である。ＥＭＩ実施学部の卒業生は、入学から現在にいたるまで、他者からの承認を得られていないと感じている。ＥＭＩ実施学部の卒業生が感じる日本語の不安は、他者の存在を意識する対人不安であり、社会から認められていないという承認の不安といえる。

ＥＭＩ実施学部は、グローバル人材育成の系譜にあり、ＥＭＩ実施学部の卒業生には、明確なグローバル人材としての自覚があった。

ＥＭＩ実施学部の卒業生が捉えるグローバル人材像は、英語が使え、かつ、思考や態度においても、柔軟性・多様性を備えた人物である。しかし、日本社会の捉えるグローバル人材像は、英語能力のみが重視されているようで、その意識の違いにより、ＥＭＩ実施学部の卒業生は、自身をどう位置付けるか困惑している。

結果として、ＥＭＩ実施学部の卒業生が抱く日本語の不安は、英語能力を重視したＥＭＩ実施学部の環境に原因があり、その英語に偏重した環境は、グローバル人材育成の上にあるのである。複数言語話者を育て、日本社会と国際社会で活躍する人材を求めていたグローバル人材育成教育が、結果として日本語の不安を生んでいる。

調査をもとに、日本のＥＭＩ実施学部に対する提言として、日本語使用の機会を増やすことを挙げた。そして、その方策として、ビジネス日本語教育の授業の導入、学術日本語の授業の必修化、授業内容に日本語を取り入れる、企業インターンの推奨が考えられるとした。

大まかにまとめると本書の内容はこのようになる。しかし、私としては、本書を構成する最も重要な要素は、インタビュイーの語りの部分にあると思う。

修士論文のテーマを「日本語の不安」にし、さらにそれを出版することにしたのは、知ってほしかったからだ。現在のＥＭＩ実施学部の実態を、その後の苦悩を、多文化の狭間にいる人の葛藤を。「日本語の不安」は、現時点では見過ごしてもよい問題かもしれないが、未来時点では見過ごしてはいけない問題になると直感が働いている。インタビュイーの語りから、ぜひその悩みの生々しさを感じ取ってほしい。

本書の最後に、日本語の不安に対抗するすべとして、ＥＭＩ実施学部で行なった方がよさそうなこと（対応策）を書いた。それが本当に有効かどうかは分からないし、本書を手に取った人にも、ぜひ、どうすればよいか考えてほしい。「甘い！　こんなもんじゃない！」という叱咤《しった》激励もお待ちしている。どんな形であれ、少しでもこの問題について考えていただければ、私としては幸いである。

II

解説　苦しみと不安の正体

――複数言語使用者への道

福島青史

1．本書の意義

純ジャパの母語不安という課題

本書は、２０２３年3月、早稲田大学大学院日本語教育研究科（日研）によって承認された修士論文が元になっている。筆者の佐々木テレサは、２０２１年3月に早稲田大学国際教養学部を卒業し、4月に日研に入学した。私は佐々木の指導教員であった。

記録によると、佐々木と初めて話をしたのは、２０２０年7月のようだ。新型コロナウイルス感染症拡大による最初の緊急事態宣言が4月に発出され（5月末に解除）、街からは人が消え、先の見えない非日常が始まった頃だ。知人から、日本語教育に関心がある学部生がいるというので紹介され、オンラインで佐々木と話すことになった。

「国際教養学部」の「佐々木テレサ」と聞いていたので、ハーフ/ダブルなどと呼ばれる「国際結婚家族の子弟」、または日系移民の子孫である「日本ルーツの子ども」などを想定しつつズームをつないだ。ブラウザに映る姿から出自は判断できなかったが、話す日本語は日本語ネイティブのそれであった。

いずれにせよ「日本語育ちだな」と思っていると、佐々木は自分の日本語に不安があると言い始めた。「日本語育ち」が「日本語に不安がある」といえば、だいたい「帰国子女」と相場が決まっている。国際教養学部にはバイリンガルが多く、日本語が得意でない学生も多く在籍するからだ。

「いえ、純ジャパです。名前からいつも誤解されるのですが……」

話を聞くと、佐々木は幼少の頃に海外滞在経験があるものの、日本人の両親の下に生まれ育った「純ジャパ」、つまり、日本語モノリンガルであるという意識を持っている。ということは、物心ついてから大学に入学するまで営々として培われた母語である日本語が、ＥＭＩによる英語学習により侵食を受け「不安を持つ」ということになる。

本書にもまとめてあるように、「ことばの不安」の研究はこれまでにもある。第二言語習得には「第二言語不安」といって自身の第二言語や外国語についての不安を研究する分野があるが、母語は対象ではない。母語の問題については、「ダブルリミテッド、セミリンガル」などと呼ばれる、母語も第二言語も十分に発達できない事例が、バイリンガル教育で研究されている。子どもの母語の発達には、誕生からおよそ小学校卒業くらいまでに、量、質的に十分かつ適切なインプット、インタラクションが必要とされる。ただ、佐々木は幼少の頃に海外にいたものの、幼児期から青少年期まで、日本語モノリンガル環境に育っている。

また、移民などにより母語の使用頻度が下がったことによる、母語の喪失や能力の低下を扱う「言語喪失（language attrition）」という分野もある。分野的にはそこが一番近いだろうが、早稲田大学は新宿区にあり、教室を一歩出れば、日本語の世界に戻ることも可能だ。このような環境にある母語は相当堅牢《けんろう》なものだと予想されるが、その母語が脅《おびや》かされるとはどのような環境なのだろうか？

「不安な日本語」と日本語教育学

佐々木によると「だからＥＭＩに日本語教育が必要だ」という話なのだが、この場合の「日本語」は、果たして日本語教育学の研究対象になるのだろうか？

日本語教育学の扱う「日本語」は、典型的には、日本国内においては、①外国人留学生や外国人就労者が外国語として学ぶ日本語、②日本で育つ外国ルーツの子どもが生活や学習の場面で習得する日本語、③帰国子女などバイリンガルが言語レパートリーの一つとして持つ日本語などがある。

また、海外では、④外国人などが学校などで学ぶ外国語としての日本語や、⑤在外の日本人子弟、あるいは日系移住者のための日本語（国語を含む）、さらには、⑥日系移民のルーツを象徴する日本語などもある。

従来ＥＭＩでの日本語教育は「①外国語としての日本語」や「③言語レパートリーとしての日本語」のカテゴリーであり、「純ジャパが抱える不安な日本語」は、今までその対象とはなっていなかった。そもそも、この「不安」がどのようなものなのか不明なこともあり、佐々木の抱える「日本語に対する不安」が日本語教育学の研究対象になるかどうか判然としないまま、話を終えた。

前述のとおり、その後、佐々木は日研の修士課程に入学した。研究テーマは、例の「不安な日本語」だ。今だから言えるが、当初はこのテーマが日本語教育研究科で研究として受け入れられるのかが心配ではあった。ただ、研究が進み佐々木の報告を聞くごとに、この日本語も日本語教育学の対象になりうると感じられるようになってきた。さらに修論のドラフトを読み、ＥＭＩに取り組む学生たちの学習環境を知るにつれ、その確信は強まった。

グローバル化が進む中、友人、教師、同僚など、生きていくのに避けられない人間関係を形成する過程で、主要な役割を果たすのは母語を含む、様々な「ことば」である。とりわけ、外国語による人間関係形成は、自文化と異なる差異を間に挟むため、困難で面倒くさく、外国語が十分にできないときは無力感に苛《さいな》まれ、ときに大きく傷つけられる。外国語による関係づくりの不安や恐怖が、言語使用に対する感度を過剰に高め、母語にまで影響を与えるのだ。

外国語使用の割合が増えれば増えるほど、外国語の外部性は徐々に薄れて母語と融合し、一つの言語の塊《かたまり》となる。複言語で構成されるまだら色のその「ことば」は、自分と他者を結ぶ媒体となるのだが、かつて外国語であった部分は脆弱《ぜいじゃく》で、ここを通過する体験が自分自身や「ことば」に対する確信を脅かし、疑義を産み、不確実性をもたらす。

日本語教育学は、この言語の混合性や、人間関係形成に内在する鋭利な他者性や、母語の壊れやすさを認めざるを得ないだろう。複数言語を身に付け、自己形成をする際、母語の確実さと引き換えに、新たな複言語状態を引き受けなければならない。そして、複言語の一部となった母語は、青年から成人になっても、継続的な手当てが必要だということを認識しなければならない。佐々木の論文は、日本語教育学の射程をじりりと広げたのである。

2．本書の魅力、方法

ナラティブが伝えるメッセージ

佐々木の描いたものは、「複数言語使用者への変身（メタモルフォーゼ）の過程」だと思う。本書では、モノリンガルな言語環境で育った青年が、複数言語のチャンネルを所有する過程における葛藤や課題が生き生きと描かれている。

私、6月ぐらいに転部しようと思って調べたもん、そういえば。英語ついていけなさすぎて。（略）。一から十まで分かんなくて。一言も聞き取れなくて。それでめちゃくちゃ絶望したんだ。（のぞむ）

もうね（ライティングの授業に）毎週行きたくないと思った。月曜日にあったんだけど。嫌だった。（あすか）

なんか、今、自分がどこに立ってて、何をしてるのかも分かんない、みたいなのはあった。（じゅん）

本書の一番の魅力は、インタビュイーの語りのスタイルである。情動あらわに語られるそのことばは、読者の心にするりと入り込み、共振する。この語りは、佐々木が関係の近い友人であるからこそ得られたものであると思うが、他者理解の媒体として、これほど有効なものはない。

佐々木がどれほど意識したか分からないが、これが佐々木の方法である。私もこれらのことばを読むごとに、そのナラティブに揺さぶられ、徐々に母語が侵食され、自分自身の存在すら不安にさらされる状況を自分なりに体験できた。それは自分自身の経験と重ね合わせる中で、了解として現れる。

本書に関心を持つ人には、英語学習やＥＭＩに関心のある人、バイリンガル、あるいはその当事者、教員、親など、様々な人がいると思う。この本にあるナラティブは、それぞれの人の関心に従い、心に入り込み、異なる意味をもたらす。本書を読まれた方は、これらの語りに共感し、いろいろなことを思うだろう。浮かび上がる記憶、感情、考え、それぞれが佐々木からのメッセージとなるのだ。

私（福島）自身について

ここでは、本書の解説をすることになっているのだが、この解説も、私の読中、読後の内的体験から思いついたものである。このため、解説の前に、私（福島）自身の身の上話に少しお付き合いいただきたい。

私は大学を卒業してから、50歳になるまでの大半を海外で過ごした。アメリカに2年、日本に2年、メキシコに3年、ウズベキスタンに3年、ロシアに1年、日本に2年、またウズベキスタンに戻って3年、ハンガリーに3年、イギリスに4年、ブラジルに3年という具合だ。ＪＩＣＡや国際交流基金から派遣され、日本語教育を生業《なりわい》としていたので、職場では日本語を使用することが多かったが、一歩外に出れば英語、スペイン語、ロシア語、ハンガリー語、ポルトガル語の世界だった。使用領域や頻度に差はあるにせよ、これらの言語を使用しながら暮らしてきた。つまり、「複数言語使用者」という点で、佐々木と経験を共有しており、その部分で本書に共感するところが多かった。

また、海外の移動生活をした四半世紀で、結婚をし、娘が２人育った。本稿執筆時で、長女27歳、次女23歳。佐々木らとほぼ同年代だ。娘たちは、家では日本語、学校では英語という環境で育ち、長女は大学入学時点で日本のＥＭＩのコースに入り卒業し、現在は百パーセント日本語で行なわれる学部に編入して勉強を続けている。次女はアメリカの大学に入学し、現在、アメリカで働いている。

２人とも、いわゆる「バイリンガル」で、日本に帰ると「帰国子女」と呼ばれ、本書に書かれたような環境に行くことがあれば、みずきのように、英語ヒエラルキーの頂点に輝き、恐れおののかれる存在となったかもしれない。

ただ、みずきの話にもあったように、バイリンガル、帰国子女にも光と影があり、わたしは、親として、この影とも付き合ってきた。本書の中心はバイリンガルのみずきではなく、青年期から複数言語使用者になるのぞむ、あすか、じゅんであるが、バイリンガル児も、子ども特有の利点はあるものの、異なる言語を身に付ける苦しみは共通している。このため、本書のナラティブは、自分の娘から糾弾されているようにも錯覚され、身につまされた。

娘たちは好き好んで複数言語使用者になったわけではない。親の都合で2つの言語が必要となり、不要な苦労を背負わされたのだ。その苦しみがいかなるものだったかを、これらのナラティブによって代弁されたようだった。

私は、ウズベキスタンで英語が全く分からない子どもたちを、小学校と保育園に送った。長女は学校に行くたびに一語一語英語を覚え、1学期で不完全ながらも文が書けるようになった。ただ、それはモノリンガルの小学生の言語レベルとはかけ離れていた。次女は通園時、保育園が近づくと必ず泣いた。保育園では最初の1年間、一言もことばを発しなかった。

「大丈夫!!　君たちはすばらしい。その不安は正当なものだし、その苦労は報われる。適切に対策をすれば乗り越えられるものだ!!」

苦しい言い訳をしながら読んだ。自分の子どもの子育ては、1回きりだ。どんなにたくさんの子育ての本を読んでも、その理論が自分の子どもに該当したり、しなかったりする。そうこうしているうちに、子どもの特殊性が凝縮するところに子どもの個性が出来上がり、徐々に自律性をもって運動を始める。

とりわけ、言語発達というのは、10年、20年のスパンで見る必要がある。子育ての経験が役に立つ頃には、すでに子どものことばはできあがっている。自分の子どもが10人もいれば、上の子の子育ての経験が下の子に役立つだろうが、今の時代の親の子育ては、取り返しがつかない経験の記憶ばかりだ。

しかし、今なら、過去の父親時代よりも多くのことを言える。過去に遡《さかのぼ》って、私の子どもや佐々木らに、このことは伝えられないが、彼女ら複数言語使用者の困難はこれからも続く。また、佐々木が冒頭に書いたように、これからＥＭＩで学習しようとする人が、同じような不安を持つかもしれない。以下では、佐々木らが複数言語使用者になる過程で経験した苦難を取り上げ、外国語習得の方法や注意点を記し、「不安な日本語」の正体を考えたい。

3．複数言語使用者への道と「不安な日本語」の正体

「不安な日本語」の正体はなんだったのだろうか。それは多言語使用者が、その成長の過程

で、母語である日本語を使用する際に感じる恐れのようである。

以下、佐々木らが経験した苦難を、①言語習得の苦しみ、②アイデンティティの苦しみ、③複数言語使用者の成長の苦しみ、の３つにわけ、複数言語話者への道と「不安な日本語」の源泉を考えたい。

３—１　言語習得の苦しみ

ＥＭＩの方法

複数言語話者になるには、まず、新しい言語を習得する必要がある。佐々木らが最初に経験したのは、「言語習得の苦しみ」である。特に本書で書かれたのは、純ジャパがＥＭＩを通して英語を身に付ける際の苦労が中心だ。

ＥＭＩは、英語を学ぶのではなく、英語で学ぶ。ＥＭＩ実施学部では、英語の科目もあるだろうが、英語は科目の対象ではなく、手段である。つまり、純ジャパは、教室に一歩入ると、安心・安全の日本語圏から、英語の実際の使用場面に「ぶち込まれる」。

ライティングの授業、（レベル）1、2、3って書いてあるじゃん。けど、私は純ジャパなのに2にぶち込まれたんだよね（笑）。で、全然知らないからさ。ライティング初めて行くじゃん。行ったら、私以外全員帰国子女。地獄で。（あすか）

「ぶち込まれた」先の環境は、英語実践の世界である。高校までの英語のクラスのように、英語を練習したり、学んだりするところではない。ライティングの授業というと英語のクラスっぽいが、授業そのものが英語で行なわれているのである。英語が分からない場合、ライティングを書く以前に、何をしたらいいのかが分からない。

ましてや自分以外は全員帰国子女である。自分が分からなくても、教室の時間は淡々と進む。「分かっている」がデフォルトの教室で、「分かりません」と割って入るのはかなりの勇気がいるだろう。「私以外が分かっている時間＝私だけが分からない時間」ほど気まずいものはない。

一番いいのは、その場を逃げ出すことだが、教室ではそうはいかない。この時間が続けば続くほど、取り返しのつかない時間が溜まっていく。ライティングのタスクが分からなければ授業についていけない。単位は出ない。かなり、やばい状況で、この環境ではなりふり構わず英語を使わざるを得ない。

ただ、この「ぶち込まれる」状況は、言語習得には有効な環境である。言語教育では「イマージョン」という方法で定式化もされている。日本で「英語を学んでも使えない」と言われて久しいが、それは実際の言語運用の場面を十分に経験していないからだ。

文型積み上げ型　vs　タスク先行型

従来、日本の英語の授業では、文法、語彙、音声など、タスクを達成するために必要な知識を身に付ける授業が中心だった。この言語知識を中心とした教授法の典型は「文型積み上げ型」で、まずは言語を理解するために、言語の要素を学ぶ。そして、その要素を使ってできる言語課題である「タスク」をやってみる。

例えば、日本語教育では、「AはBです」という文型を学び、この文型を使用してできるタスク、例えば「自己紹介」をやってみるという流れだ。「タスク」より「言語材料」が先行している。

この教授法の問題点は、そのタスクが必ずしも学習者に必要でないものがあることだ。マンガ『ワンピース』を読みたい学生が日本語学校に行っても、ひらがなから始まり、「わたしは、○○です。どうぞよろしく」を学ぶ。一方、主人公ルフィは、いきなり「おれの名前はルフィ。海賊王になる男だ！」と言う。日本語学校のカリキュラムは、失礼な話し方にならないようにと配慮されており、そんなカリキュラムにしたがって日本語を学んでも、四六時中戦ったり、恋愛をしているマンガのキャラクターが使う日本語にたどり着くのには、相当、長い時間がかかるだろう（というか、たどり着くのだろうか⁇）。

また、文法や語彙を学んでから、知っていることだけを使ってタスクを行なうので、実際に使用される日本語と比べて、不自然な日本語になることもある。「タスク」を目的、「言語知識」を目的を達成するための材料とすれば、使えるようになりたいなら、実際の場面に近いタスクをこなし、そのタスクに必要な文法、語彙、音声などの言語材料を準備する必要がある。

例えば、カレーを作りたい（タスク）と思ったら、通常は、カレーに応じた材料（肉、じゃがいも、玉ねぎ、人参、カレールーなど）を準備するだろう。一方で文型中心は、材料が先になるので、肉、じゃがいも、人参を学んでから、さて、何を作ろう？　カレー？　シチュー？　肉野菜炒め？　となる。

カレーが食べたい人にとって、肉野菜炒めが出てきたら本意ではないだろうし、まぁ、肉野菜炒めでもいいやと思った人でも、肉とじゃがいもと人参の肉野菜炒めは、ちょっと微妙だろう。「肉野菜炒めならキャベツくらい入れたい」と言っても、「いえ、キャベツは未習だから入れられません」と言われる。しばらく、本物のカレーや肉野菜炒めとは違うものを食べる羽目になる。

なので、言語が実際の場面で使えるようになるためには、まずは自分に必要なタスクの目標を立て、実際にやってみて、自分に足りない言語材料を知り、足りない要素を埋めていくことが大切なのである。

無論、手持ちの言語材料で実際のタスクを行なうので、足りない材料がある。行った先は「地獄」となる可能性が高い。言語学習の観点からいうと、ＥＭＩは、大学で高等教育を受けるために必要なタスク、例えば、講義を聞く、文献を読む、プレゼンをする、レポートを書く、を、英語で実際やってみて、足りない言語材料を仕込み、できるようにしていく方法である。食べ物の材料は１回使ってしまうとなくなるのに対し、言語材料の方は、１回使った程度では消えてしまうが、逆に、使えば使うほどより強く、場合によっては永遠になくならなくなる。タスクに応じた言語材料も、異なるタスクに再利用できるものも多く、徐々に、様々なタスクに対応できるようになる。

タスク先行型と呼ばれるこの方法は、英語を使ってやりたいことが決まっている人にとっては効果的である。留学をしたい人はＥＭＩが有効だし、マンガを読みたい人は実際にマンガを読むのがいい。

その際、「フラストレーション」を感じたり、「無能感」を感じたりするだろう。ただ、タスク先行型では、これらの感覚は避けられない感情だと思う。凹《へこ》むかもしれないが、その気持ちは、今後の学習のためのエネルギーに変えて有効活用するしかない。できることしかしないのであれば、生活の範囲は広がらない。もしも、やりたいことがあれば、その場所に出かけて行って、まずはやってみることである。そこで、できないことをできるようにすることが、言語習得の道だ。

よって、この「言語習得の苦しみ」は、逃げるのではなく、むしろ買って出るくらいのほうがいい。さらに「できないのが快感だ」くらいの変人の域に至れば、地獄であった英語の領域は次々に克服され、早晩、自分のことばの世界になるだろう。

言語習得と「不安な日本語」

さて、「言語習得の苦しみ」が、言語習得には避けられないものとは分かったが、これと「不安な日本語」とはどのようにつながっているのだろうか。

ここでの主役は、日本語への不安ではなく、「第二言語不安」のほうだ。

母語と異なり、外国語というのは、学習段階では、文法、語彙、発音について、使用する前に、あれこれ意識的に考える必要がある。さらに実際の英語使用において不全が続くと、言語使用に対するモニタリングが強くなり、常に、間違っているのではないか、と緊張や不安が生まれる。この言語使用に際する不安の経験が、「不安な日本語」の萌芽《ほうが》となる。

さらに、複数言語使用とは、母語も外国語と同様に、自分の言語レパートリーの一つとすることである。モノリンガルにとって、言語は一つであり、身体のように、意識することなく使用できていた。しかし、言語レパートリーを複数所有するようになると、言語選択という局面において、母語も意識化される。それまで無意識に稼働してきた日本語が、突然意識の舞台に引きずり出されるのだ。

突然、意識の光を浴びた日本語は、英語学習により研《と》ぎ澄まされた言語センサーにより厳しく精査され、対象化され、ときおりなんだかぎこちなく、おかしく感じることにもなる。もともと母語といっても、ことばを忘れたり、言い間違いをしたり、長く話すと文がねじれたり、自分でも何を言いたかったのかわからなくなるシロモノである。モノリンガルがあまり意識しないこの問題を、複数言語使用者は、正確にモニターし、その不全を意識に報告する。それまで、身体の一部のように透明で、自在に使えたはずの日本語が間違いうる。この母語の他者化ともいえる自在性の喪失が、外国語使用の経験と相まって不安につながるのではないだろうか?

ただ、この母語の意識化のプロセスは、複数言語使用者が、母語を言語レパートリーに変える際に、必ず通る認知的な操作だ。さらに、母語を使う時間が減り、使用する生活領域が狭まれば、日本語の発達は止まってしまう。これは自然なことである。「日本語がおかしい」とセンサーから報告があれば、うろたえずに粛々《しゅくしゅく》と修正していくしかない。複数言語使用者となる過程の一つの段階だと理解していれば、不安も少しは和《やわ》らぐのではないだろうか?

しかし、佐々木の感じる不安は、「言語習得の苦しみ」にのみ起因しているわけではない。次に、不安の核心となると思われる「アイデンティティの苦しみ」について見たい。

3-2 アイデンティティの苦しみ

外国語学習とアイデンティティ

外国語習得の過程で、厄介《やっかい》なのは、他人からの目だ。英語ができることはカッコいい。逆にみんなが聞いている前で、文法を間違えたり、発音がカタカナ英語だと恥ずかしい。ＥＭＩの教室でも、「ことばができない」ことよりも、「ことばができないやつ」と、思われることのほうが辛いのではないだろうか。他人から「できないやつ」と映るその姿は、自分が知っている自分と大きく異なる。

この違いからくる苦しみを「アイデンティティの苦しみ」と呼んでおこう。この苦しみはギャップが大きければ大きいほど深い。

> 何か私すごい、中高まではすごい、もうとんでもなくレベち（レベル違い）で英語ができる人だったんだよね。学校の中では。無敵だった、英語に関しては。（あすか）

> 中学の3年生とかは、クラスで一番英語ができる子みたいな扱いだった。（じゅん）

> 勉強したら成績、けっこう上がったから。確かに英語も好きになった、それで。（のぞむ）

このままゆいほどの自己肯定感。英語は、彼／彼女らに、清々《すがすが》しいほどの自己意識を与えてきた。そもそもＥＭＩ実施学部に入ろうという高校生たちだ。そのくらいの意識はあっただろう。

「アイデンティティの苦しみ」とは、「すごい」「無敵」「レベち」「一番」と眼差《まなざ》され、自分でもそのように作り上げてきた自己像が、友人や教師に無惨《むざん》に否定される苦しみだ。とりわけ、18〜19歳の、自己形成の真っ只中の敏感で壊れやすい自我には、凄惨《せいさん》な体験となる。教室という逃げられない空間で、よりによって友人の眼の前で、一つ一つリアルにできない姿をさらさなければならない。これこそ「地獄」である。

ことばができないことで自分に対して感じる無能感は、学習への意欲に変換できる可能性がある。ただ、他者と比較して劣等感を抱いたり、それが鬱積《うつせき》してコンプレックスが生じると、クラスの中でも疎外感を感じるようになる可能性がある。不能感も何度も続けば無能感につながり、無能感もマックスになれば無力感に変わることもある。ここに至ると、これらの負の感情を燃料にするには、かなりの心のパワーが必要だ。

帰国子女が怖かった。ディスカッションとかでも、何、どう思うって言われて、どうも思わないじゃんって。なんかそういうの怖かったかも。英語もまだそのときにしゃべれ

ないしさ。怖かったな。（あすか）

こなれてないやつと、（一緒にされる）ってなってくと、なんか、「え、ムズ」、「こいつらと友達にはなれねぇ」ってなって、そこが一番怯えた。（じゅん）

留学経験者とか、帰国生の方が、全体的にみんな堂々としててまぶしかった。あれは何か、自分でダメだダメだって思っちゃうのもあれなんだけど、やっぱ思っちゃうよね。（のぞむ）

想像するだに私も怯える。「あー、あの人、英語いまいちね」「英語、がんばってるねー」などと、同級生に評価されるのは辛い。おまえ何様だと思う。もちろん、同級生自身は、そのように思っていないかもしれないが、本人がそう感じてしまうことが重要だ。

そもそも英語が「無敵」だった人々は、英語力で人を測る習慣がついている。自分が作り上げた物差しにより、みるみる自分の姿が小さくなる。そして、落ちていく。

マウント合戦

また、この評価の厄介なところは、語学力の評価であるにもかかわらず、その優劣が、集団内の序列付けにつながる点だ。人間は「マウンティング」という行為を遠い祖先から受け継ぎ、相手との序列を確認したがる傾向がある。これは、動物としての人間の習性であり、そこから人間関係の序列やそれに伴う個人のアイデンティティ形成が行なわれる。

ゆえに、我々は相手の弱点に敏感である。他者と対面したとき、無意識にセンサーが働き、様々な面から自分と比較し、強弱関係を導き出す。どっちが背が高いか、強いか、賢いか、金持ちか、かっこいいか、かわいいか、速いか、うまいか……それぞれ関心に応じたチェックポイントから値踏みをする。そして、どこから入り込んで関係性を結べば、自分が優位に立てるのかを計算する。

この際、「ことばができない」のは、隠しようのない局面である。ことばがわからない状況をことばがわかる相手に見つかるのは、サバンナでパンツ一枚で見つかるようなものだ。弱者認定は必須で、他者はそこをついてくる。「同級生」で同じ人間だったはずが、当然の権利とばかりに、のさっとマウントを取ってくる。

一度マウントを取られてしまうと、劣等意識が過敏になり、上位者の海外体験とか、フランクな態度とか、きれいな洋服とか、あまり言語と関係ない要素も巻き込んで、負の連鎖が起こり、ヒエラルキーの深みに転落してしまう。

　このアイデンティティの苦しみは、パーソナリティの発達という観点から見れば、必然かもしれない。青年期は英語学習に限らず、恋愛、友人関係、将来などについて悩み、一定の答えを見つけなければならない。しかし、言語習得の観点からいうと、これらの劣等感や疎外感は不必要だし、邪魔である。言語ができなくても意に介さず、ズカズカと新たな環境に入ることが肝要だからである。

マウント合戦の戦略：①マウントポイントの複数化

　もちろん、言うは易《やす》し行なうは難《かた》しだろう。私も、20代前半の頃のアメリカで英語ができなかった経験は、ナイーブな心にはきつかった。英語での接触はできるだけ避けたかった。ただ、その後、20代後半、メキシコに暮らす頃から緊張が解けてきた。もちろん文化的な環境、話す相手も違うことも要因であったと思うが、おそらく言語以外のマウントポイントを自分で見いだせたからであろう。

　もちろん、スペイン語に関しては、子どもから笑われ、友達からからかわれ、しっかりとマウントを取られるのであるが、給料をもらい社会参加をするようになると、スペイン語くらいは負けていいかという気になってきた。

多言語使用者になるということは、往々にして外国語環境に身を置くことになるので、外国語使用の際に生まれる劣等感、コンプレックス、疎外感、無能感、無力感などの感情から、自分のアイデンティティ、価値観を守り、さらに発展されるような「アイデンティティ管理能力」が必須となる。

その際、自己らしさを決める評価ポイント（＝マウントポイント）を複数準備しておくとよいだろう。私の場合、日本語教師という職業ゆえに、「外国語能力」の評価ポイントは、それほど重要ではなかった。しかし、佐々木らのように、仕事や学校で外国語を使用する場合は、外国語の能力の多寡《たか》がその人の見え方に反映するため、やはり、かなり重要な項目となるだろう。

外国語の運用能力をできる限り上げ、失点を防ぎ、言語運用能力以外の項目をブラッシュアップしポイントを稼ぐ。専門領域の知識や技能でもいいし、斬新なアイデアでもいい。得難い人生経験や、深い人生哲学でもいい。ことばが拙《つたな》くても、相手が言語の形式ではなく、内容にフォーカスするように、人間や、ことばの中身を充実させることだ。

マウント合戦の戦略：②ルールを変える

人間関係は、丁々発止のマウント合戦である。カードゲームさながら、ちらちら自分の強さを見せながら自分が優位な状況に持ち込んでいく。言語の拙さを狙ってくる相手に、勝手に自分を解釈させないように、良いカードを複数揃え、それぞれのカードのレベルを上げていく。負けてはいけない。

ただ、もし勝ち目のないゲームならば、ゲームのルールそのものを、変えてもいい。多くの文化に触れると、それまで自分が大切にしていたこと（マウントポイント）が、それほど重要でなかったことに気づくことがある。世界には数え切れないほどの価値観、規範があり、どれを自分のものとするかは、自分次第だ。

> 就活もなんかみんな当たり前のように受け入れてさ、当たり前のようにやってたけど、私はそれで何の意味があるんだってずっと思ってたし。何か日本に帰ってきて、すごい自分が狭い世界で生きてる気がした。っていうのが大きいかな。（あすか）

> なんか、人に興味がないんだよ、フィンランド人って。興味がない、ないわけじゃないと思うんだけど、日本と比べたときに、圧倒的に同調圧力が弱い。だからなんていうの、何か、たぶん日本だと、ちょっと奇をてらったことをすると視線を感じる。見られてるな、なんか変なことしたかな、みたいな。（フィンランドでは）ない、そういうの一切ない。（じゅん）

留学を経た佐々木らは、様々な視点を獲得し、評価ポイントの見直しを行なっている。相手や世界を変えるのは大変だが、世界を評価する自分の基準を変えることはできる。これも「アイデンティティ管理能力」の一つの戦略である。

アイデンティティと「不安な日本語」

さて、この「アイデンティティの苦しみ」は「不安な日本語」とどのようにつながるだろうか？

「言語習得の苦しみ」が言語使用に関する不安であるとすると、「アイデンティティの苦しみ」は、「ホーム喪失感」の不安とでも言おうか。

アイデンティティとは、それぞれの文化の中で生きていくための仮面のようなものだ。仮面により、当該集団での居場所を確保できる。ただ、純ジャパにとっては、日本語社会や日本社会はホームであり、素顔で受け入れてもらえるという期待がある。外国語や異文化で、慣れない仮面で頑張ってきたのだ、日本では仮面を取って、素顔でやっていきたい。そりゃ、そう思うだろう。

しかし、複数言語話者は、複数文化への適応の過程で、言語的にも文化的にも、その柔軟性において、大きな変容を遂げてしまっている。仮面を脱ぎ捨て、ホームだと思っている日本に戻ると、日本語も日本人も、どこかぎこちない。「不安な日本語」は、元々は自身の日本語に対する違和感であるが、根底には、ホームがよそよそしくなってしまったことによる喪失感、疎外感などが伴っているのではないだろうか。

日本語社会が気のおけない家族的なホームではなく、外国にいるように、仮面が必要な社会的な場所に変わってしまった。大人になったといえばそれまでだが、複数言語使用者となる成長の過程で、どこの文化社会でも適応できる、カメレオンのような大人に変身（メタモルフォーゼ）してしまったのだ。

ただ、この親密な言語的・文化的ホームの喪失も、複数言語使用者には必須の通過点だ。

一度ホームを出てしまうと、実家や田舎と同じように、もう一度、関係性を作り直さなければならない。多様な文化を渡り歩いているうちに、故郷の日本語社会に戻ったら、日本語がぎこちない「変な人」になってしまった。これも仕方がない。対策としては、変な方向を洗練させるか、日本語や思考法を修正して再び「ネイティブ」に戻るか、あるいは、途中まで戻るか、道はいくつもある。

　私の知り合いの複数言語使用者には、結局、日本に戻らず（戻れず?）、ずっと外国に暮らし続ける人も多い。今思えば、私がＪＩＣＡボランティアになった頃、海外ボランティアになる人の多くは、日本を出る段階で、日本の規範からするとかなりの「変な人」（私見です）だった。それが数年の海外体験により、その変人性に磨きがかかり、自信すら漂うようになる。

　ボランティア任期終了後に、「就職セミナー」という日本社会復帰イベントに参加したことがあったが、無事に日本社会に復帰した協力隊ＯＶ（Old Volunteer）が講師として招かれていた。その際、その講師が「これまで隊員であったことは忘れてください」と言ったのを今でも覚えている。当時は、「帰国したてのボランティアによく言えるな」と思ったが、おそらく日本の社会に再適応した同ＯＶの眼には、根拠なき自信に溢れた変人の群れが映っていたのだろう。

何を隠そう私も、日本に戻れなかった一人だ。日本に帰ると「29歳の無職男、妻子持ち」は、様々な人間として眼差される。一方で海外にいると、文化規範が希薄であり、仮面（＝外国人）での生活は、人間関係を機能的に処理することができ、楽だった。

その後、海外を移動して、大学教員という、これも世間様からは逸脱度が高いと評判の世界に来た。とはいえ、海外から来ると、日本の大学もかなりの日本度で、適応にだいぶ時間がかかった。

まだ若い佐々木らが、再び戻った日本や日本語とどう関わるのかは個人の選択だが、新たな参入者として、日本語と日本におけるアイデンティティを管理していかなければならない。これが、次の「複数言語使用者の成長の苦しみ」につながる。

3-3　複数言語使用者の成長の苦しみ

生涯続くことばとアイデンティティの管理

最後に、これまでのまとめとして、「複数言語使用者の成長の苦しみ」について述べる。

この「苦しみ」は、①言語習得の苦しみ、②アイデンティティの苦しみに比べると穏やかなもので、「苦労」くらいのものだ。ただ、この「苦労」は、複数言語使用者が、ことば、アイデンティティを管理するもので、生涯続く長期的なものだ。

「アイデンティティ」で有名なのはエリクソンだが、エリクソンの理論によると「アイデンティティ」は、「8つの発達段階」(Erikson1959, エリクソン ２０１１)の第V期「青年期」の「心理・社会的危機」として現れる。

表3の発達段階のカッコ内にある年齢は原著にはないが、イメージを持ってもらうために、諸説ある参考文献を元に加筆した。20世紀と21世紀では、寿命も伸び、だいぶ人の生き方も変わったので、印象としては21世紀では数年ずつ後ろにずれるように思うが、ここで言いたいのは、人間の精神の発達は生涯続き、危機は青年期のアイデンティティで終わらず、その後も続くということだ。特に異文化で生きる佐々木らは、複数言語使用者として、より長いタイムスパンにより、「ことばとアイデンティティの管理」が必要となる。

本書を読んでも、大学時代と卒業後では、すでに成長が見られる。大学時代や留学中のナラティブには、無防備で純粋な心が傷つけられるような痛々しさを感じるが、就職後のナラティブには、ある種のたくましさや開き直りを感じる。

〈表3〉エリクソンの8つの発達段階

	発達段階	心理・社会的危機	重要な関係の範囲
第Ⅰ期	乳児期 (0～18カ月)	基本的信頼／ 基本的不信	母親的人物
第Ⅱ期	幼児期初期 (2～3歳)	自律性／ 恥、疑惑	親的人物
第Ⅲ期	遊戯期 (3～5歳)	自主性／罪悪感	基本家族
第Ⅳ期	学童期 (6～11歳)	勤勉性／劣等感	「近隣」、学校
第Ⅴ期	青年期 (12～18歳)	同一性／ 同一性の混乱	仲間集団と外集団
第Ⅵ期	前成人期 (19～40歳)	親密／孤立	友情、性愛、競争、 協力のパートナー
第Ⅶ期	成人期 (40～65歳)	生殖性／停滞性	労働と家庭
第Ⅷ期	老年期 (65歳～)	統合／絶望	人類、私の種族

なんかもう私はもう嫌と思ったら、もうそれこそ仕事も休んじゃうし、もう別にいつでも辞めていいやとか。辞めて何かとりあえず、バイトでつないだりとか、海外フラフラしたりとか、そういうのでいいやって思ってるんだけど。その普通の人ってあんまりそういうことを思わない。（あすか）

私なんかめっちゃ怖い女扱いされてて。すぐ言い返すみたいな。言い方きついみたいな言われてて。なんかその子たち（他の同期の女の子たち）はおとなしいよねって。あいつら怒らないからな、みたいな言われてて。そっちが一般なのかな、みたいな思っちゃったりして。（のぞむ）

なんというか、飲みながら愚痴をこぼしているようである。異文化で揉《も》まれた彼／彼女らはヤワじゃない。心の柔らかいところにはすぐには触れられないよう、自我に柔軟な被膜《ひまく》ができている。異文化での戦いで得た経験が評価ポイントになったのか、日本社会の原住民である「普通の人」「一般」にも強気でいられる。現状では、その違いについて当惑しているのか、あるいは、もうどうでもいいや、と考えているのか、この境目のあたりか。

大学時代のヒリヒリする時代を過ぎても、大学を卒業すれば、職場という超ハイコンテクストな未開の文化圏が続いており、その後、結婚したり子どもが生まれたりすれば、夫婦、親子関係など、これまた未体験ゾーンが広がる。その後、これは私もまだ経験していないが、老年期に至って体力が落ちたり、身体のある機能が不全になったり、ついには究極の異文化体験（?）である「死」も見えてくる。

ただ、20代の佐々木らに、文化間で老いて死ぬという心配はまだ早い。佐々木の「不安な日本語」は、ＥＭＩ、留学を経て、日本語社会への再編入の際、現れた不安である。そのトリガーは「変な日本語」であるが、ここでは、この日本語のどこが変なのかについて考えてみる。

変な日本語——形式編

本書では就職後の日本語の問題について書かれている。

まずは日本語の形式の問題。例えば、敬語や使役など「文法」、ことばが出てこない、英語が出るなど「語彙」、日本語が変と言われる、議事録が添削されるといった「文章・談話」

などがその例だ。

前にも述べたが、言語の形式の問題については、複数の言語を身に付ける過程にある複数言語使用者にとって、必然的に起こることであり、言ってしまえば、「仕方がない」。第二言語習得の過程で敏感になった言語センサーが自己の異常を知らせるため、不安になるかもしれないが、心配しすぎることはない。

ただ、私は、佐々木らが「変な日本語」を使っていないとは言っていないし、きっと使っているんだろうと思う。「仕方がない」のは、モノリンガルに比べてことばの習得に時間がかかるということだ。

複数言語使用者のうち、とりわけバイリンガルや、佐々木らのように外国語で十全なる社会参加をするものは、複数の言語を高いレベルにまで同時に育てていく必要があるため、習得に時間がかかる。このことは、自分も周りもしっかり認識して、ことばの学習を継続的に行なう必要がある。

私は、娘たちには、30歳くらいまでを目安に、主要な複数言語のおおよその完成をすればいいと言ってきた。30歳くらいまでは「変な日本語（あるいは「変な英語」）」を使ってしまっても全然ＯＫで、気に病む必要はない。30歳というのに学術的な根拠は全くないのだが、言いたいのは、大学生になっても就職しても、まだ習得の過程にあるという意識だ。おおよその完成のゴールを30歳にしておけば、大人になってからも、安心してトライができ、間違いから言語の手当てができるのではないか。

今はChatGPTなど、言語形式にはめっぽう強いツールもあり、内緒で身近な相談にのってくれる。形式の問題であれば、ほぼ間違いなく教えてくれるだろう。

30歳を超えてもなお変な場合は、それはもう、個性でいいのではないだろうか。私も、母語の鳥取方言（米子《よなご》弁）は、私の日本語の始原的な部分を構成しており、後に学んだ標準日本語と自分では区別がつかない部分もある。文法やアクセントなど、意識すれば修正できるものもあるが、最近、だんだん面倒くさくなって、標準日本語から米子弁が露呈するままになってきている。年を重ねるとだんだん現実の自分に慣れてきて、「変な人」と言われるのも構わなくなる。アイデンティティ管理能力といえばかっこいいが、俗に言えば面《つら》の皮が厚くなった結果である。

自己のあり方はそれぞれの理想があるので、みんながそうなったほうがいいとは思わないが、30歳くらいまでは、「変でないことば」の獲得に向けて頑張り、その後は、自分なりのことばとの関係性を考えればいいのではないかと思う。

変な日本語――内容編

もう一つ、佐々木らの日本語を変にしているのは、日本語の内容であろう。

就職など新しいコミュニティに参入する際は、言語的・文化的な違いがある。就職した先の業界の専門用語や、企業文化による日本語の特徴もあり、最初の数カ月は、日本語モノリンガルも、上司や先輩が何を話しているのか分からないこともあるだろう。このため、日本語モノリンガルも、自分で学んだり、ＯＪＴでトレーニングを受けたりしている。

会社のような新たなコミュニティに参入する場合、そこで語られているのが日本語であっても、それが母語である日本語とは異なるものだと思ったほうが、整理がつきやすい。ビジネスジャパニーズ、アカデミックジャパニーズなど、ジャパニーズと名前がついているから日本語だと思い、気を緩《ゆる》めてしまうかもしれないが、油断は禁物である。これらの日本語は、家族や友達とおしゃべりする日本語とは、形式も機能も全く異なるもので、トレーニングを受けないと身に付かない。そのような日本語は、もう「外国語」としてカウントしたほうが、取り組みやすいと思う。

就職した先のコミュニティで、評価されるレポートを書くには、業界の知識と、それに応じた形式（専門用語、談話形式など）が必要である。これは普通の日本人にも書けない。修士論文などアカデミックジャパニーズについても同様で、日本語モノリンガルだからといってすぐには書けるようにはならない。

新しいコミュニティに入ったら、もうそこは外国で、使うことばは日本語であっても外国語、そこにいる日本人も外国人と考えれば、多言語使用者は、いつものストラテジーを応用すればいいだけだ。もう安住のホームはないことを思い出そう。

さらに、「話す／聞く／書く／読む」の技能の違いや、「話しことば／書きことば」のスタイルの違いなども「外国語」と認識して準備するとよい。

例えば私は、英語の論文は読めても、映画はいっこうに分からない。聞き取りの問題もあるが、スクリプトを読んでもスラングがあって分からない。もしも、私が映画を英語で見たければ、論文の英語とは異なる言語として認識すれば、学習の姿勢も変わってくる。同じ英語だと思うから、分からないことでモチベーションが下がるのだ。外国語と考えれば、論文英語と映画英語は、よく似ていて学びやすいと思えるだろう。

また、複数言語使用者は、全ての言語レパートリーで、「話す／聞く／書く／読む」の全ての技能について、高い能力を身に付ける必要はない。人間の時間と能力のリソースは有限であり、選択が必要である。映画が好きでない人が、スラングを含んだ英語を聞き取る練習に時間を費やすのはもったいない。そんなに必要でない領域については、そこそこでいい。そこで「変な人」になっても、それほどアイデンティティは傷つけられないだろう。

４．ＥＭＩ教育への提言

以上、複数言語話者のたどる道と、佐々木の「不安な日本語」について書いた。この際、私が日本語教育を専門にしていることもあり、複言語化の過程で、堅牢と思われた母語である日本語が、どのように地位を奪われるかを中心に書いた。

ただ、一方の侵入者である英語については、直接的には書いていない。

そこで、最後にＥＭＩについて、①言語習得の苦しみ（ことば）、②アイデンティティの苦しみ（アイデンティティ）、③複数言語使用者の成長の苦しみ（管理）の観点から書いてみたい。

私が所属する大学院の日本語教育研究科にも、これまでも佐々木のように、ＥＭＩ実施学部から学生が入学してきている。

よって、ここでは、教員として、大学教育としてのＥＭＩを、よりよいものにするためにはどうすればいいか考えたい。

英語習得について

まず、英語の習得の面から考えると、前述のとおり、ＥＭＩは非常に効果的であると考える。外国語学習に必要な十分な量と質の接触が保証され、国内の大学で外国語を習得するには理想的な環境であるといえるだろう。教室には、留学生や帰国子女がいて、モノリンガル環境で育った純ジャパも、大学の授業や生活で必要な英語のレベルを、身をもって体験できる。

ここで大きなショックを受けることは、本書でも書かれているが、これは仕方がない。ＥＭＩ実施学部を卒業するからには、海外旅行や海外出張でなんとか英語で用を済ますレベルでは終われない。コミュニティに十全に参加し、組織をよい方向に変えるようなグローバル人材になることが期待されている。

その際の英語レベルは、純ジャパ環境で育っていると、想像ができないくらい高いだろう。「①言語習得の苦しみ」は買ってでもやれというのが私の主張で、獅子《しし》が我が子を千尋《せんじん》の谷に落とすが如きＥＭＩの方法は、ありだと思う。

ただ、問題は、それに伴う自信喪失や自尊感情の欠損の原因となる「②アイデンティティの苦しみ」の部分だろう。語学的には「語学能力によるレベル分け」は効率的だが、それを「人間のレベル分け」のように感じてしまう。さらに、そこにマウンティングが起き、ヒエラルキーができあがると、語学力が発展途上の学生では、ことばの学習以上に、自己のアイデンティティを守ることに力が注がれるだろう。

本書でも書かれているが、この苦しみは、若い心に深い爪痕《つめあと》を残し、卒業後も癒《い》えてはいない。これには、学部に入学する際のガイダンスや、在学中のサポートが必要となるだろう。現在の獅子の親は、崖の下から這い上がれない子どものケアも必要なのである。

社会参加に必要なことばを学ぶためには、ことば以外の要素が重要である。そのことを示すものとしてＣＥＦＲ（Common European Framework of Reference for Languages）がある。ＣＥＦＲは欧州において、国境を超えて市民生活を送るために必要な言語のあり方を提案するものだが、近年、日本の英語教育、日本語教育でも取り上げられている。

ＣＥＦＲでは、言語使用者／学習者の能力として、「コミュニケーション言語能力(Communicative language competences)」の他に、「一般的能力(General competences)」が挙げられている。外国語を使って市民参加するためには、言語だけでなく、「一般的能力」、つまり、「叙述的知識」「技能とノウハウ」「実存的能力」「学習能力」が必要だとする。

佐々木らの話を聞くと、ＥＭＩでは、「コミュニケーション言語能力」に加えて、「叙述的知識」「技能とノウハウ」は視野に入っているように思うが、「実存的能力」「学習能力」にどの程度、配慮がなされているのかどうかは不明だ。

「実存的能力」とは、態度、動機、価値観、信条、認知的スタイル、性格的な要因などのことをいい、「②アイデンティティの苦しみ」により、最も試練にさらされる部分である。ここで重要なのは、ＣＥＦＲでは、これらの要因を「能力」と位置付け、教育できるものと考えていることである。

異文化接触により、自らの価値観、信条などが揺さぶられ、それにより、異文化に対する態度、動機が影響を受ける。この際、これを教育の機会と捉え、この危機を乗り越える「実存的能力」を育成する場と考えるのだ。

「②アイデンティティの苦しみ」は、外国語学習には不要であるが、多言語使用者となるには、必ず通る試練の場である。この解説で、私は「実存的能力」も含めて、自己形成する能力として「アイデンティティ管理能力」と呼んだが、これらの能力も意識的に育成していくことが重要だろう。ＥＭＩの学習の過程で辛いことがあったら、自分の何が攻撃を受けているのか、それに対して、どのように防御、調整していくのか、内省ができる能力が必要なのだ。

また、ＥＭＩの期間を超えて必要となるのが、複数言語使用者の長期間にわたる、ことばとアイデンティティのケアである。ここでは「③複数言語使用者の成長の苦しみ」の箇所に書いたが、ＣＥＦＲの「学習能力」にもつながる。

ただ、青春真っ只中の若者に、「生涯のキャリアを考えろ」と言っても、あまり響かないかもしれない。少なくとも、大学時代の私は全く関心がなかった。それがゆえに、ここでは「30歳までは間違えてもいいから頑張ろう」とだけ言ったが、本来は、自律学習能力として、自らの複言語を長い時間をかけて管理する方法も、明示的に学習しておくといい。私はナイーブな子どもだったので聞く耳は持たなかったが、今どきは、しっかりした学生もいるだろう。

日本語教育について

本書の新規性は、純ジャパのための日本語教育を、ＥＭＩに導入すべしという佐々木の主張だ。この主張は、ＥＭＩを、英語使用者を育てる教育から、複数言語使用者を育てる教育へと、視点を変える。

ＥＭＩにおける日本語教育への提言については、佐々木自身が、最終章の「結論」ですでに書いている。①ビジネス日本語教育の授業の導入、②学術日本語の授業を必修化、③授業内容に日本語を取り入れる、④企業インターンの推奨、というのがその内容だ。

日本語教育は自分の専門分野であるので、あまり軽々に論じられないが、まずは、ＥＭＩ経験者からこのような提案があったことを受け止め、ＥＭＩ、日本語教育が協力して、検討を始めるとよいのではないだろうか。

5. 複数言語話者のこれから

本稿では、佐々木の「不安な日本語」に触発され、自分や自分の子どもの言語習得、第二言語習得、ＥＭＩのあり方について考えた。最後は、佐々木らに視点を移してまとめとしたい。

佐々木の「不安な日本語」は、複数言語話者への変身の過程で経験する、日本語と日本（語）社会からの離脱の時期に現れた。このホームからの離脱が、多感な青年期と重なり、新しいことば、文化規範、アイデンティティを要請する。ＥＭＩ、就職を経て、新たなコミュニティに参加する佐々木らが、これから、どのように日本語や日本社会と付き合っていくのだろうか、今後が楽しみである。

先日、佐々木と本書の出版の件で、会って話した。面白かったのは、修士論文を書き終わっても、本書を書いていても、なおかつ悩みは尽きていないことである。物語としては、執筆が終わる頃には、一件落着的なほうが、収まりがよいのだろうが、実際の人生はそう簡単にいかない。ベトナム料理店でご飯を食べつつ、今なお、くすぶる思いを語っていた。

でも、まぁ、ここまで苦しいのは、今後はそんなにないんじゃないかと思う。困難な道をいくつもくぐり抜け、本当に強くなったし、賢くなった。これから経験する苦難も多いだろうが、すでに、いろいろなカードを持っているはずだ。

佐々木らにとって、「死」を直接的に考えるのは早い。ただ、一回的な人生において、どうやって自分を生きるのかは、常に念頭にあるといいだろう。自分が変わっていくことは楽しい。これからも、探り探り、未踏の世界を開拓していってほしい。

Council of Europe. (2001). Common European Framework of Reference for Languages: Learning, teaching, assessment. Cambridge: Cambridge. ［吉島茂／大橋理枝（訳・編）（２０１４）『（追補版）外国語教育Ⅱ　外国語の学習、教授、評価のためのヨーロッパ共通参照枠』朝日出版］

Erikson, E. H. (1959). Identity and the Life Cycle: Selected Papers. International Universities Press. ［西平直・中島由恵（訳）（２０１１）『アイデンティティとライフサイクル』誠信書房］

あとがき

佐々木テレサ

まず、本書を手に取り、私の駄文をここまで読んでいただいた読者の皆さまに、厚く御礼申し上げます。

あとがきは、せっかくなので少しラフに書かせていただきます。

本にまとめることが決まり、一番に思ったことは、「私のとんでもねえ文章が世に出てしまう！」でした。「日本語に不安がある」と言っているやつが日本語で長文を書いて世に出すのですから、こんなにおかしいことはありません。

思い返せば、絶望の底から、とんとん拍子にここまで来てしまいました。２０２０年のコロナ禍真っ只中で、航空業界で働くことを夢見ていた私は大打撃を受け、その学歴ならどこかしらの企業には入れるよ、なんて言われていたにもかかわらず、全くどこにも引っかからなかったときは、本当に絶望の淵でした。そんなとき、大学院への道を勧めてくださる人がいて、福島先生を紹介していただき、めでたく早稲田大学日本語教育研究科に入学。2年間かけてうんうん唸りながら、本書の元となる修士論文を書き上げました。その後も、あれよあれよとことが進み、あの絶望の淵にいたころから約3年後に本を出版することになるなんて、本当に人生は分からないものです。

修士論文のテーマを決め、本格的にスタートを切った当初、研究室の仲間からも、日研の先生からも、そして福島先生からも、「日本語の不安ってどういうこと?」「そもそもこれは日本語教育なの?」とたくさん突っ込まれました。それでも何とか形になっていき、完成に近づいたときに福島先生から(実は他の先生からも)、「これは出版して世に出したほうがいい」と言っていただいたときは、本当に嬉しかったです。そして本当に出版に至るなんて感無量です。

実のところ、修士論文のテーマを決めた時点では、私のなかでもまだふわふわしていて、インタビューに協力してくれた方々にも、「こんな悩みがある気がするんだよね……」といったざっくりした形で伝えていました。しかし、インタビューを進めていくうちに、ふわふわしたものがしっかりした悩みに形づくられて、共通の困難があるということがはっきりしていったわけです。

インタビュイーの方々も、初めは漠然とした回答だったものが、インタビューの終盤では、前のめりに、赤裸々に語ってくれたことが印象的でした。

「私の体験」でもお伝えしたように、私自身は学部生時代、本当に英語ができず、落ちこぼれでした。インタビュイーの方々は、私から見たらとんでもなく優秀で、英語ができる人たちだったので、「英語の悩みなんてなさそうだな、無駄かもな」と思っていました。

でも実際は、それぞれに悩みがあり、落ち込み、絶望していて、その経験が現在の日本語、英語の不安、社会への不安へとつながっていました。それぞれの胸の内に衝撃を受けたことを覚えています。半生を語る中には、思い出したくないことも、語るには辛いこともあったでしょうに、思いの丈を率直に話してくれたインタビュイーの方々には感謝しかありません。

さて、本書の内容は、英語を学ぶ過程で得た負の感情が、その後の日本語、英語の不安や、社会との不和を生み出していることを述べ、グローバル人材育成に対しても批判的に考察しています。出版する前から賛否両論あるのが目に見えていて、震えているところです。

本書を読んだ方々はどのようなことを思うのでしょうか。

私の意見ではありますが、現在の日本は、英語というものを重要視しすぎているような気がしています。いや、重要視することはよいとは思うのですが、「とにかく英語!」という雰囲気がありすぎる気がします。「この一冊で完璧！」というキャッチコピーのついた英語に関する書籍も大量に目にしますし、英語学習の成功者が作成したコンテンツも溢れています。

　最近は、幼少期から英語が身近にある環境に身を置くことも流行っているようです。ですが、言語学習はそんなに甘いものではない。何かをアピールするときには、総じて良い面のみが強調されます。でも同時に、マイナスの面も必ずあります。それぞれに苦悩があるのです。むやみに英語を崇《あが》めるのは、少々危険なのではないでしょうか。

　最後に、本書の中で、ＥＭＩ実施学部について色々意見してしまいましたが、私はＥＭＩ実施学部と留学と言語学習を否定しているのではありません。振り返ってみると、長期的な視点で見れば、個性豊かな仲間と議論し、異文化体験を得たことは一生の宝です。ただ、苦悩もいっぱいありましたし、今も悩みがあることは事実です。私がしたかったことは、疑問を投げかけることであり、それをどう捉えるかは読者の皆さまに委ねたいと思います。

謝辞

本書、そして本書の元になった修士論文を書くにあたり、たくさんの方にご協力いただきました。大変お世話になりました。

まず、本書の解説を書いてくださり、在学中も私の支離滅裂な意見を一緒に整理していただいた福島青史先生には大変感謝しております。ありがとうございます。

またインタビューに協力してくださり、さらに出版の報告に心から喜んでくれたインタビュイーの皆さまにも厚く御礼申し上げます。

そして私の小さな世界を広げてくださった日研の先生方、私が不安ななか、支えてくれた家族、友人、叱咤激励してくれた母、在学中から現在に至るまで、なんでも私の相談にのってくれている友人のMさん、本当にありがとうございます。

そして、本書の編集を担当していただいた草薙麻友子さん。原稿を書き上げるのが遅く、本当にご迷惑をおかけしてしまいました。論文を読み、面白いとおっしゃっていただき、出版までつなげていただいたこと、感謝してもしきれません。

また、草薙さんとのご縁を結んでいただいたTさんにも感謝申し上げます。

皆さまに改めて感謝申し上げます。ありがとうございました。

時系列	カテゴリー	コード
	EMI実施学部の文化と日本社会の文化との乖離――他者との関係の窮屈さ	典型的な日本の会社らしさ
		他人に対する意識
		閉鎖的
		同調圧力
自己評価と他己評価の違い		明確に意思を示さない
		上下関係の刷り込み
		日本文化に染まりなおす
		教育されたものを元通り
	「普通と違う」という認識――周囲からの不和の視線	「普通の人」と「私たち」
		普通とは違う
		普通の日本人
		変な人
		怖い人扱い
		言語的な違い
		日本の一般とのずれが日本語が変になる
	グローバル人材という自覚――自信と自己不信の狭間	海外に関わる仕事をしたい
		英語を使う仕事をしたい
		留学で海外に関わる仕事をしたいと再確認
		学部の経験と留学の経験を生かしたい
		英語を使うことが入社の決め手
		英語が自分のバリュー
		就職活動は馬鹿馬鹿しい
		見方が変わったことによる働く姿の変化
		就職活動が嫌
		就職しなければならないという刷り込み
		不本意ながら英語を武器に
		チャレンジングな選択はできない
		念願ではない就職先
		人に誇れることはない
		日本だけに縛られないグローバル人材
		世代間ギャップ
		グローバル人材としての自己評価と他己評価の乖離

時系列	カテゴリー	コード
		自己肯定感が低下する
		日本語に触れる機会が減る
		日本の常識が通用しない
		社会に出たときに苦労する
卒業後から現在	日本語使用時に抱えている問題点——日本語の不安	敬語が上手く使えない
		日本語の産出が難しい
		帰国子女という要素は大きい
		英語と日本語をトレードオフ
		働くときに日本語能力の不足を感じる
		メールが変
		資料が変
		日本語の表現に問題
		伝わらない
		仕事の知識がない
		自分の日本語がおかしい
		文意を汲み取れない
		会話についていけない
		知らない日本語
		アウトプットが苦手
		日本語が出てこない
		英語が混ざる
	会社との不和——価値観の違いによる自己評価の低下	入社前と入社後のギャップ
		英語を使わない
		暇
		休職
		周囲との価値観の違い
		働く意欲
		自分の価値を探す
		期待してくれる人の存在
		社会人に向いていない

<table>
<tr><th>時系列</th><th>カテゴリー</th><th>コード</th></tr>
<tr><td rowspan="3"></td><td rowspan="2"></td><td>TOEFLの要件が留学の障壁</td></tr>
<tr><td>好きな場所に留学できる人はほんの一握り</td></tr>
<tr><td rowspan="10">留学先での出来事——不承認再びと価値観の変化</td><td>留学中も言語は辛かった</td></tr>
<tr><td rowspan="9">言語の苦労と視野の変化</td><td>不平等</td></tr>
<tr><td>授業についていけない</td></tr>
<tr><td>アジアの代表</td></tr>
<tr><td>理解されない文化の違い</td></tr>
<tr><td>アジア人に対する無意識的な差別</td></tr>
<tr><td>楽しい留学だった</td></tr>
<tr><td>ものの見方が変わった</td></tr>
<tr><td>留学で視野が広くなった</td></tr>
<tr><td>留学はターニングポイント</td></tr>
<tr><td rowspan="14">大学生活の後半とEMI実施学部へのフィードバック</td><td rowspan="6">大学生活の後半——英語環境への慣れと価値観の深化</td><td>印象が薄い</td></tr>
<tr><td>授業への構え方が変化</td></tr>
<tr><td>興味の範囲</td></tr>
<tr><td>ゼミが日本語だったことで深く学べた</td></tr>
<tr><td>ゼミが大きなターニングポイント</td></tr>
<tr><td>価値観が大きく変化</td></tr>
<tr><td rowspan="15">卒業したEMI実施学部に対する卒業生からの評価——自信と不安、それぞれにつながるもの</td><td>自由</td></tr>
<tr><td>思考する力がつく</td></tr>
<tr><td>学びに対する意欲が育つ</td></tr>
<tr><td>エネルギッシュでモチベーションが高い</td></tr>
<tr><td>日本で異文化体験</td></tr>
<tr><td>毎日英語に触れられる</td></tr>
<tr><td>多少なりとも英語力は伸びる</td></tr>
<tr><td>内容が薄い</td></tr>
<tr><td rowspan="7">得たものと失ったもの</td><td>学びが浅い</td></tr>
<tr><td>体系的に学ぶことができない</td></tr>
<tr><td>英語が得意ではない先生がいる</td></tr>
<tr><td>レベルの高い授業ではない</td></tr>
<tr><td>達成感や成長したという実感はない</td></tr>
<tr><td>中途半端</td></tr>
<tr><td>劣等感が生まれてしまう</td></tr>
</table>

〈コードと概念の一覧表〉

<table>
<tr><th>時系列</th><th>カテゴリー</th><th>コード</th></tr>
<tr><td rowspan="7">入学前</td><td rowspan="5">卒業したEMI実施学部を選んだ理由――英語環境への憧れ</td><td>留学したかった</td></tr>
<tr><td>専攻を絞りたくない</td></tr>
<tr><td>英語で何かを勉強する</td></tr>
<tr><td>金銭的な理由からアメリカの大学は断念</td></tr>
<tr><td>英語に対する肯定的な姿勢</td></tr>
<tr><td rowspan="4">英語・海外に興味を持つ環境――英語に対する肯定的な態度の芽生え</td><td>K-POPが好き</td></tr>
<tr><td>学校が嫌い</td></tr>
<tr><td rowspan="7">欧米文化への期待と英語による承認</td><td>外国人と接する経験</td></tr>
<tr><td>家庭内の英語環境</td></tr>
<tr><td>英語が得意だった――英語による他者からの承認</td><td>英語が得意</td></tr>
<tr><td rowspan="4">窮屈な学校生活――学校生活への不満</td><td>学校での勉強に不満</td></tr>
<tr><td>高校は辞めたかった</td></tr>
<tr><td>高校生活は嫌い</td></tr>
<tr><td>授業はつまらない</td></tr>
<tr><td rowspan="7">入学後</td><td rowspan="4">英語環境の過酷さ――英語による承認の崩壊</td><td>英語で苦労した</td></tr>
<tr><td>英語が分からない</td></tr>
<tr><td>授業が理解できない</td></tr>
<tr><td>良い成績を収めなければならないというプレッシャー</td></tr>
<tr><td rowspan="4">帰国子女・留学生との関わり――カルチャーショックと動揺</td><td>怖い</td></tr>
<tr><td>友人作りの不安</td></tr>
<tr><td>陽キャとパリピ</td></tr>
<tr><td rowspan="6">英語ヒエラルキーの世界での苦悩</td><td>こなれ感</td></tr>
<tr><td rowspan="3">学生間の英語ヒエラルキー――英語能力による階層付けの圧力</td><td>ヒエラルキー</td></tr>
<tr><td>無力感</td></tr>
<tr><td>羨望</td></tr>
<tr><td rowspan="2">劣等感――他者への羨望と自己不信</td><td>劣等感</td></tr>
<tr><td>自信の喪失</td></tr>
<tr><td rowspan="4">留学</td><td rowspan="4">留学先の選定――英語への一途な想いと諦め</td><td>英語が話せるから英語圏に行きたい</td></tr>
<tr><td>英語を勉強したい</td></tr>
<tr><td>英語に自信がない</td></tr>
<tr><td>英語に対する諦め</td></tr>
</table>

https://www.mext.go.jp/content/20230908-mxt_daigakuc01-000031526_1.pdf（2024 年 4 月 5 日閲覧）

文部科学省「グローバル 30 とは？」 https://www.mext.go.jp/component/a_menu/education/detail/__icsFiles/afieldfile/2017/03/30/1383779_01.pdf（2022 年 12 月 20 日閲覧）

八島智子（2004）『外国語コミュニケーションの情意と動機―研究と教育の視点―』関西大学出版部

Yamamoto, A. Beverley & Ishikura Yukiko（2018）A pebble that creates great waves? Global 30 classes and internationalization of the student body. In: Annette Bradford and Howard Brown（ED.）*English-medium instruction in Japanese higher education-Policy, challenges and outcomes-*, Bristol: Multilingual Matters. pp.71-87.

Young, D.J.（1990）An investigation of students' perspective on anxiety and speaking. Foreign Language Annals,23 pp.539-553.

吉田文（2014）「『グローバル人材の育成』と日本の大学教育―議論のローカリズムをめぐって―」『教育学研究』, 81（2）pp.164-175.

吉田文（2016）編『グローバル社会に必要とされる資質・能力に関する学生意識調査集計報告書』大学の「グローバル化」に関する研究プロジェクト（早稲田大学教育総合研究所）

vocabulary learning. Studies in Second Language Acquisition, 16 pp.1-17.
MacIntyre, P. D. & Gardner, R. C.（1994b）The subtle effects of language anxiety on cognitive processing in the second language. Language Learning, 44（2), pp.283-305.
松尾知明（2017）「21 世紀に求められるコンピテンシーと国内外の教育課程改革」『国立教育政策研究所紀要』, 146 pp.9-22.
松村香奈（2020）「EAP（アカデミック英語）から EMI（英語による専門科目）への橋渡し―学生視点のニーズ分析―」『早稲田教育評論』, 34（1) pp.55-72.
村田久美子・飯野公一・小中原麻友（2017）「EMI（英語を媒介とする授業）における『共通語としての英語』の使用の現状把握と意識調査、および英語教育への提言」『早稲田教育評論』, 31（1) pp.21-38.
村田久美子・小中原麻友・飯野公一・豊島昇（2018）「EMI（英語を媒介とする授業）とビジネス現場における『共通語としての英語』への意識調査、および英語教育への提言」『早稲田教育評論』, 32（1) pp.55-75.
元田静（2005）『第二言語不安の理論と実態』溪水社
森住史（2015）「日本における EMI―現状と課題―」国際基督教大学教育研究所編『教育研究』, 57 pp.119-128.
文部科学省（2011a）「グローバル人材育成推進会議　中間まとめ」
https://www.mext.go.jp/b_menu/shingi/chousa/koutou/46/siryo/__icsFiles/afieldfile/2011/08/09/1309212_07_1.pdf（2022 年 12 月 20 日閲覧）
文部科学省（2011b）「産学官によるグローバル人材の育成のための戦略」
https://www.mext.go.jp/component/a_menu/education/detail/__icsFiles/afieldfile/2011/06/01/1301460_1.pdf（2022 年 12 月 20 日閲覧）
文部科学省（2010）「大学における教育内容等の改革状況について（平成 20 年度)」
https://www.mext.go.jp/a_menu/koutou/daigaku/04052801/__icsFiles/afieldfile/2010/05/26/1294057_1_1.pdf（2022 年 12 月 20 日閲覧）
文部科学省（2008）「『留学生 30 万人計画』骨子」
https://www.mext.go.jp/a_menu/koutou/ryugaku/__icsFiles/afieldfile/2019/09/18/1420758_001.pdf（2022 年 12 月 20 日閲覧）
文部科学省（2021）「令和 3 年度の大学における教育内容等の改革状況について（概要)」

(2022 年 12 月 20 日閲覧)
末松和子（2017）「『内なる国際化』でグローバル人材を育てる―国際共修を通したカリキュラムの国際化―」『東北大学高度教養教育・学生支援機構紀要』,3 pp.41-51.
文部科学省（2000）「グローバル化時代に求められる高等教育の在り方について」（大学審議会答申［抜粋］）
https://www.mext.go.jp/b_menu/shingi/chukyo/chukyo4/siryo/attach/1318742.htm（2022 年 12 月 20 日閲覧）
Dearden, J.（2014）English as a medium of instruction - a growing global phenomenon. https://www.britishcouncil.es/sites/default/files/british_council_english_as_a_medium_of_instruction.pdf（2022 年 12 月 20 日閲覧）
TOP GLOBAL UNIVERSITY JAPAN「スーパーグローバル大学創成支援事業とは」及び「採択大学が設定している主な成果指標」
https://tgu.mext.go.jp/about/index.html（2022 年 12 月 20 日閲覧）
中鉢惠一（2020）「EMI の背景と日本人学生の現状について―SGU の現場から―」『経営論集』, 95 pp.107-118.
西村政子・趙彩尹（2022）「日本の大学におけるグローバル人材育成の現状と課題―外なる国際化及び内なる国際化を中心に―」『教育経済学研究』, 1 pp.12-25.
Horwitz, E. K., Horwitz, M. B., & Cope, J.（1986）. Foreign language classroom anxiety. The Modern Language Journal, 70（2）pp.125-132.
堀内喜代美（2021）「英語学位プログラムの動向と課題」『広島大学大学院人間社会科学研究科紀要　教育学研究』, 2 pp.549-558.
Macaro, E.（2018）English Medium Instruction. Oxford: Oxford University Press.
MacIntyre, P. D.（1999）Language Anxiety: A Review of the Research for Language Teachers, "In" D. J. Young, Ed., Affect in Foreign Language and Second Language Learning: A Practical Guide to Creating a Low-Anxiety Classroom Atmosphere. Boston: McGraw-Hill College. pp.24-45.
MacIntyre, P. D. & Gardner, R. C.（1994a）The effects of induced anxiety on three stages of cognitive processing in computerized

【参考文献】

姉川恭子（2016）「第4章　グローバル人材として必要な資質」吉田文編『グローバル社会に必要とされる資質・能力に関する学生意識調査集計報告書』大学の「グローバル化」に関する研究プロジェクト（早稲田大学教育総合研究所）

Andrade, M., & Williams, K. (2009). Foreign language learning anxiety in Japanese EFL university classes: Physical, emotional, expressive, and verbal reactions. Sophia Junior College Faculty Journal, 29 pp.1-24.

太田裕子（2019）『はじめて「質的研究」を「書く」あなたへ―研究計画から論文作成まで―』東京図書

大西好宣（2018）「グローバル人材とは何か ―政府等による定義と新聞報道にみる功罪―」『千葉大学人文公共学研究論集』, 36 pp.168-183.

経済産業省（2010）「産学人材育成パートナーシップグローバル人材育成委員会　報告書～産学官でグローバル人材の育成を～」
https://warp.da.ndl.go.jp/info:ndljp/pid/8422823/www.meti.go.jp/press/20100423007/20100423007-3.pdf（2022年12月20日閲覧）

桑村昭（2018）「日本の大学におけるEMI（English-Medium Instruction）の役割―課題と展望―」『ウェブマガジン留学交流』, 91 pp.9-27.

小島直子（2019）「English-Medium Instruction（EMI）に求められている教育実践及び学習環境―日本人学生の動機づけの視点から―」『APU言語研究論叢』, 4 pp.49-64.

Kojima, N., & Yashima, T.（2017）Motivation in English medium instruction classrooms from the perspective of self-determination theory and the ideal self. JACET Journal, 61 pp. 23-39.

佐藤郁哉（2008）『質的データ分析法―原理・方法・実践―』新曜社

嶋内佐絵（2016）『東アジアにおける留学生移動のパラダイム転換―大学国際化と「英語プログラム」の日韓比較―』東信堂

首相官邸（2012）「グローバル人材育成戦略」（グローバル人材育成推進会議　審議まとめ）
https://www.cas.go.jp/jp/seisaku/npu/policy04/pdf/20120604/shiryo2.pdf

佐々木テレサ（ささきてれさ）

1998年東京都生まれ。2021年早稲田大学国際教養学部卒業、'23年早稲田大学大学院日本語教育研究科修士課程修了。専門は日本語教育学、言語不安、アイデンティティ等。現在、外資系企業勤務。早稲田大学在学中にデンマーク コペンハーゲン大学に留学。

福島青史（ふくしませいじ）

1967年鳥取県米子市生まれ。早稲田大学大学院日本語教育研究科教授。JICA、国際交流基金の派遣により海外6カ国で日本語教育に従事した後、現職。専門は日本語教育学、言語政策、言語教育政策。近著に『「日系」をめぐることばと文化』『複数の言語で生きて死ぬ』（共に共著、くろしお出版）がある。

英語《えいご》ヒエラルキー
グローバル人材教育《じんざいきょういく》を受《う》けた学生《がくせい》はなぜ不安《ふあん》なのか

2024年5月30日初版1刷発行

著　者 ── 佐々木テレサ　福島青史
発行者 ── 三宅貴久
装　幀 ── アラン・チャン
印刷所 ── 萩原印刷
製本所 ── ナショナル製本
発行所 ── 株式会社光文社
東京都文京区音羽1-16-6（〒112-8011）
https://www.kobunsha.com/
電　話 ── 編集部03（5395）8289　書籍販売部03（5395）8116
制作部03（5395）8125
メール ── sinsyo@kobunsha.com

 ISBN 978-4-334-10325-5

1310
生き延びるために芸術は必要か
森村泰昌

歴史的な名画に扮したセルフポートレイト作品で知られ、「私」の意味を追求してきた美術家モリムラが、「芸術」を手がかりに「生き延びること」について綴ったM式・人生論ノート。

978-4-334-10295-1

1311
組織不正はいつも正しい
ソーシャル・アバランチを防ぐには
中原翔

燃費不正、不正会計、品質不正、軍事転用不正……。組織不正はなぜあとを絶たないのか——。気鋭の経営学者が、組織をめぐる「正しさ」に着目し、最新の研究成果を踏まえて考察する意欲作。

978-4-334-10322-4

1312
経営の力と伴走支援
「対話と傾聴」が組織を変える
角野然生

経営者との「対話と傾聴」を通じ、自立的な企業変革への道筋をつける「伴走支援」の枠組みを、第一人者の実践を基に示す。南山大学教授・中村和彦による、組織開発の視点での解説を収録。

978-4-334-10324-8

1313
英語ヒエラルキー
グローバル人材教育を受けた学生はなぜ不安なのか
佐々木テレサ
福島青史

英語で授業をするEMIプログラム。学部卒業生に日本語や承認の不安を覚える人が出ている。聞き取りを基に内実と問題点を提示。指導教員が多言語話者成長の苦悩と対策を解説。

978-4-334-10325-5

1314
ナショナリズムと政治意識
「右」「左」の思い込みを解く
中井遼

政治的な左右と結びつけられがちなナショナリズムの概念を政治学の知見と国際比較からとらえなおし、日本人の政治意識が世界においてどれだけ普遍的もしくは特殊なものであるか検討する。

978-4-334-10323-1